Sabine Richling

Claudia Mey
Dick war gestern

AF220712

Sabine Richling

Claudia Mey
Dick war gestern

*Bibliografische Information der Deutschen National-
bibliothek:*
*Die Deutsche Nationalbibliothek verzeichnet diese
Publikation in der Deutschen Nationalbibliografie;
detaillierte bibliografische Daten sind im Internet
über http://dnb.dnb.de abrufbar.*

© 2020 Sabine Richling
Coverbild: Ingo Leben
*Lektorat/Korrektorat: Christina Lelewell und
Frank Lohmann*

*Herstellung und Verlag: BoD – Books on Demand,
Norderstedt*

ISBN: 978-3-7519-3154-0

Inhalt

Vorwort

Svenja Hellwig
Kinderkrankenschwester
und
Heilpraktikerin

Menschen in Industrieländern geht es gut. Sie haben in der Regel ein Dach überm Kopf und müssen keinen Hunger erleiden. Wenn die Lebensmittel zu Hause ausgehen, fährt man mal eben zum Supermarkt und wird mit einem Angebot überschwemmt, das einem die Entscheidung schwermacht. Nehme ich diesen Käse oder jenen? Heute mal Vollkornbrot oder Toast? Und so nebenbei könnte ich ja noch ein paar Kekse mitnehmen oder eine Tafel Schokolade. Oder doch lieber ein Stück Kuchen?

Jeder ist der täglichen Versuchung ausgesetzt. Schließlich macht es uns die Lebensmittelindustrie nicht gerade leicht mit den bunten Verpackungen der Süßwaren, die einen regelrecht einladen zuzugreifen.

Viele von uns kennen das: Man kauft mit Hunger ein und schon landet mehr im Korb als geplant. Ein Einkaufszettel kann hier Abhilfe schaffen, ist aber keine Garantie fürs Vernünftigsein. Vor allem, wenn einen das übertriebene Angebot regelrecht erschlägt.

Man wird aufs Neue schwach, kauft sich zuckerhaltige Lebensmittel, weil sie einfach supergut schmecken, obwohl man genau weiß: Das schadet mir.

Zucker ist ungesund, schwächt das Immunsystem, kann den Cholesterin- und Insulinspiegel negativ beeinflussen und dick machen. Obwohl uns das klar zu sein scheint – jedenfalls den meisten von uns –, lassen wir das übertriebene Naschen nicht sein.

Zucker hat einen Suchtfaktor und ist der Körper erst mal daran gewöhnt, sendet er ein Alarmzeichen ans Gehirn, wenn kein Nachschub kommt. Unser Verlangen nach Schokolade und Co wird angeregt und nimmt weiter zu. Wir geben unserem Appetit auf Süßes nach und kaufen uns die nächste Zuckerbombe. Somit beginnt der Kreislauf von Neuem. So lange, bis wir ihn durchbrechen und der Sucht widerstehen.

Claudia Mey hat es nach vielen Jahren des Dickseins geschafft, aus diesem Teufelskreis herauszukommen mit einem starken Willen und Durchhaltekraft. Chapeau vor dieser enormen Leistung, sich innerhalb von eineinhalb Jahren buchstäblich zu halbieren.

Zuckersucht scheint kein Thema mehr zu sein und trotzdem gönnt sie sich mal ein kleines Stück Kuchen oder eine Nascherei. Solange das in Maßen geschieht, ist es doch völlig in Ordnung und schadet auch nicht weiter.

Ich bin kein Freund vom erhobenen Zeigefinger und werde selbst öfter „naschrückfällig", als mir lieb ist. Wenn mir jemand ständig erklären wollte, wie ich davon wegkomme und welche Methode fürs Abnehmen die geeignetste ist, würde ich meine Ohren zuklappen.

Claudia aber gelingt es in diesem Buch, niemandem auf die Füße zu treten, und erzählt auf lustige Weise, welche Erfahrungen sie als übergewichtige und später als schlanke Person gemacht hat. Wie es ihr gelungen ist, so viel abzunehmen, thematisiert sie ebenfalls, macht aber deutlich, dass es *ihr* Weg war und jeder selbst herausfinden muss, wie er sein Ziel erreichen kann.

Vorwort

Claudia Mey

Bevor ich beginne, möchte ich noch etwas loswerden:

Als dicke Person ist es nicht immer leicht, Menschen um sich zu sammeln, die ehrlich zu einem sind und es gut meinen.

Zum Glück bin ich mit einem gesunden Selbstbewusstsein ausgestattet, das sich prima ergänzt mit meiner fröhlichen Natur. Deshalb bin ich recht kontaktfreudig und habe mir – auch bedingt durch meinen Friseurberuf – einen beachtlichen Bekanntenkreis erarbeitet. Ich bin froh, viele liebe Menschen in meinem Umfeld zu wissen, und ich möchte allen von Herzen danken.

Ein besonderes Dankeschön geht an meine Mutter, für die ich einfach nur ihre Tochter bin – ob übergewichtig oder schlank.

Meiner Familie möchte ich ebenso danken und meinen Freunden, insbesondere Sabine und Ingo, die mit mir seit Jahren durch „dick und dünn" gehen und immer direkt an meiner Seite stehen – mich nehmen, wie ich bin.

1

Also, in diesem Buch geht's um mich. Ich dachte mir, ich erzähle mal meine Geschichte, in der es vor allem um mein Gewicht geht: zum einen das Gewicht, das ich Jahrzehnte mit mir herumgetragen habe und in mühevoller „Häppchen-Arbeit" multipliziert habe, und zum anderen jenes Gewicht, welches ich in der Mitte meines Lebens durch Disziplin und die Umstellung einiger Gewohnheiten halbiert habe.

Und hier stehe ich nun mit meinen gesammelten Erfahrungen, die ich unmöglich alle für mich behalten kann, denn schließlich gibt es da draußen jede Menge Leidensgenossen und -genossinnen, denen ich mitteilen möchte: Es ist möglich! Du bist nicht allein! Gib nicht auf!

Ich möchte gern ganz von vorne beginnen. Vielleicht nicht gerade bei der Geburt. Daran erinnere ich mich nur schwach und ob mir über die Nabelschnur zu viele Kohlenhydrate zugeführt wurden, ist nicht überliefert. Aber eines ist sicher: Als Kind wurde ich schon dick. Was mich direkt zu meiner Schulzeit führt.

(Um mich wieder besser einzufühlen und auch dem Leser die Möglichkeit zu geben, direkt an meinem vergangenen Leben teilzuhaben, erzähle ich in der Gegenwartsform. Deshalb bitte nicht irritieren lassen, wenn ich plötzlich sechs Jahre alt bin.)

Ich heiße Claudia, bin also – wie eben erwähnt – 6 Jahre alt und … dick. Meine Mitschüler kennen mich nicht anders, ich mich eigentlich auch nicht. War ich jemals schlank? Falls ja, muss das in einem anderen Leben gewesen sein.

Zu meiner Einschulung bin ich beinahe dankbar, nicht die einzige Dicke zu sein. Da ist noch Bianca, deren Volumen mit meinem vergleichbar ist. Ich mag sie, trotzdem werden wir keine Freundinnen, was daran liegen mag, dass sie eher still ist. Aber vielleicht passen wir auch einfach nicht zusammen. Obwohl wir das gleiche Schicksal teilen und unsere überdimensionalen Schultüten neben uns wie winzige Streichholzschachteln aussehen. Ich wünschte, ich könnte mich dahinter ebenso verstecken wie meine schlanken Mitschüler hinter ihren. Doch ich bin nun mal keine Gazelle, eher ein übergroßer Kloß in der Hochzeitssuppe.

Trotz meines Übergewichts finde ich schnell Anschluss, werde von den Klassenkameraden akzeptiert. Natürlich kann ich nicht beurteilen, was hinter meinem Rücken geschieht, ob nicht der eine oder andere heimlich über mich lästert. Aber darüber stehe ich, denn der liebe Gott hat mich mit einem Selbstvertrauen ausgestattet, das bis zur Himmelspforte reicht. Mich kann nichts aus dem Gleichgewicht bringen, bis auf mein eigenes Gewicht.

Bianca hingegen hat es schwerer als ich. Mit ihr gehen die anderen Schüler nicht gerade zimperlich um. Regelmäßig wird sie zu ihrem Objekt der Begierde – zu ihrer Lieblingsbeute. Es ist wirklich schlimm, wie sie über sie herziehen, keine Gelegenheit auslassen, Bianca wegen ihrer Pfunde zu ärgern. Natürlich stehe ich ihr bei, wenn meine Mitschüler es zu bunt mit ihr treiben. Ich ergreife für sie Partei und bin ihre Fürsprecherin. Aber mal ehrlich, was kann ich da schon ausrichten – eine ebenfalls Dicke, die zwar mit einem regen Mundwerk ausgestattet ist, aber nicht weniger Taillenumfang mitbringt als das Mobbingopfer? Obwohl die Hänselei nicht mir gilt, fühle ich die seelische Pein wohl ebenso stark wie Bianca.

Wahrscheinlich bin ich mir von nun an erst richtig im Klaren, was es heißt, dick zu sein – nicht der Norm zu entsprechen. Trotzdem finde ich meinen Platz in der Schule, habe viele Freunde und sogar Spaß. Denn ich weiß mich zu behaupten.

2

Inzwischen bin ich 9 Jahre alt und nach wie vor moppelig. Kann gut sein, dass das eine oder andere neue Pfündchen hinzugekommen ist. Da schaue ich nicht so genau hin. Und weil ich wachse, wie jedes Kind in meinem Alter, ändern sich meine Konfektionsgrößen ohnehin ständig. Außerdem will ich ein glückliches Kind sein, darum verdränge ich das Problem und genieße schlichtweg alles, was mir das Leben zu bieten hat. Auch den Keks oder die Schokokugel für Zwischendurch. Wer will sich diese kleinen Freuden schon nehmen lassen?

Aber meine Eltern haben ein Auge auf mich und bemühen sich um Schadensbegrenzung. Deshalb kommen sie auf die glorreiche Idee, mich in einem Turnverein anzumelden. Wenn die kleine Claudi schon nicht weniger essen will, dann soll sie sich wenigstens mehr bewegen. Denn laut neuester wissenschaftlicher Erkenntnisse führt regelmäßige sportliche Betätigung zu einem definierten Körperbau.

Ja, davon träume ich bereits seit Längerem. Wär doch gelacht, wenn ich auf diese Weise nicht meine Traummaße erreichen würde! Womöglich erwartet mich noch eine steile Karriere im Profisport.

Na ja, wie so oft im Leben, kommt es auch hier ganz anders als erhofft. Ich bleibe mollig, aber ich habe eine Menge Fun beim Turnen. Und da ich mein neues Hobby durchaus diszipliniert betreibe, werde ich bewundernswert gelenkig. Bald kann ich meine Beine in alle Richtungen drehen – falle in den Spagat wie eine Zirkusartistin.

Da kann ich mit meinen dünnen Mitturnerinnen durchaus mithalten und ich gebe zu, darauf bin ich mächtig stolz. Meine Schulnote in Sport verbessert sich durch das regelmäßige Training ebenso wie meine gute Laune, die ohnehin kaum zu bremsen ist. Denn trotz meines Handicaps habe ich ein sonniges Gemüt.

Meine übrigen Schulnoten können sich auch sehen lassen. Wenn ich also nicht so ein Pummelchen wäre, würde ich glatt behaupten, alles wäre perfekt. Ich habe Freude am Leben und lache meine Probleme einfach weg.

Vom Turnen in meinem Verein bekomme ich aufgrund meines ungeahnten Talents gar nicht genug. Bisweilen überschätze ich mich geringfügig. Wie bei dieser Staffel, die Beate, unsere Trainerin, heute mit uns übte. Ogottogott, mir glühen die Ohren immer noch vor Scham! Dabei habe ich diese kleine Peinlichkeit aus vollem Herzen weggelacht, aber am Ende blieb doch ein unangenehmer Beigeschmack zurück. Was ist heute passiert?

Beate teilte uns in Gruppen ein für eine Art Staffellauf durch und über verschiedene Turngeräte. Und da ich einen gewissen Anspruch an mich selbst habe, verlangte ich wirklich alles von mir ab. Ich bin gehechtet wie ein Kaninchen auf der Flucht – unter dem Reck hindurch über den Schwebebalken hinweg … Ich kam mir vor wie eine Feder im Wind. Als ich dann durch die Bank klettern sollte, wusste ich, ich bin die neue Sportprinzessin – das Wunderkind meines Jahrhunderts. Doch ich habe die Rechnung nicht mit der Bank gemacht, die meinen aufkeimenden Höhenflügen ein jähes Ende setzte. Ich blieb in ihr stecken wie ein Korken in der Weinflasche. Es ging weder vor noch zurück. Zu allem Übel bekam ich einen Lachflash, dabei hätte mir eher zum Weinen zumute sein müssen. Schließlich war diese Situation äußerst delikat. Denn wer will schon aussehen wie eine rund gewachsene

Hämorrhoide in der Darmpassage, wenn er gerade davon träumte, wie eine Sportelfe zum höchsten Turn-Olymp aufzusteigen?

Da steckte ich also in der Bank fest und lief krebsrot an vor Lachen. Beate beauftragte zwei Mädels, den Hausmeister zu holen. Er sollte etwas Öl vorbeibringen. Hahaha … als wäre ein Pfropfen wie ich mit ein paar Tropfen Öl zu lösen. Da hätte man schon schwerere Geschütze auffahren müssen. Zum Beispiel einen Bagger oder einen Lastenkran. Der Hausmeister sah das wohl genauso und dachte nicht im Traum daran, seine kostbare Margarine an mich zu verschwenden. Damit konnte er mindestens noch vierzig Brötchen beschmieren und für meinen Körper hätte man locker drei Margarinepackungen benötigt.

Als mir das klar wurde, verging mir das Lachen. Ist ja auch nicht wirklich komisch, wenn Brötchen einen höheren Stellenwert einnehmen als man selbst. Und was soll ich sagen, der liebe Gott hatte Erbarmen mit mir und befreite mich aus dieser misslichen Lage. Na ja, eigentlich hatte der Allerheiligste mit all dem nicht viel zu tun. Weil ich nicht mehr lachen musste, entspannte sich meine Muskulatur und schon konnte ich wie ein

Regenwurm durch die Bank hindurch-
schlüpfen.

Das war schon seltsam, dass ich mal wieder im Mittelpunkt stand wegen meines
Übergewichts. Lieber würde ich mit strah-
lender Schönheit punkten und dem Spargel
auf meinem Teller Konkurrenz machen. Ich
schiebe die Stangen mit der Gabel hin und
her. Werde ich jemals schlank sein oder ist
dieser Körper mein Schicksal?

Am nächsten Morgen stehe ich nackig
vorm Spiegel und drücke meine Rettungs-
ringe platt. Das bin ich: Claudi, 9 Jahre alt,
unförmig wie ein ausgeleierter Gummiring
und drall wie eine Stopfgans. Ich wachse mit
zwei normalgewichtigen Brüdern auf. Was
mache ich falsch? Oder machen die was richtig? Das Leben ist ungerecht.

In der Schule laufe ich heute rum wie
Falschgeld. Ich versuche, meinen kleinen
Fauxpas von gestern aus meinem Gedächtnis
zu löschen. Aber wahrscheinlich wird der
sich in meine Gehirnwindungen einbrennen
und mich noch im Rentenalter verfolgen.
Dabei war es ja auch irgendwie lustig, in der
Bank festzustecken. Trotzdem will ich diese
peinliche Nummer lieber vergessen, immerhin könnte meine zarte Kinderseele Schaden

nehmen. Wenn ich mal groß bin, möchte ich handelsübliche Erinnerungen an die Schule haben, und zwar solche, die man seinen möglichen späteren Kindern auch erzählen kann, ohne dabei rot zu werden.

Nun gut, ich hab ja noch Zeit, mein Leben so zu bauen, dass ich später mal von ein paar prima Erlebnissen berichten kann, auf welche ich richtig stolz sein werde.

Ich laufe also gerade griesgrämig durch den Schulflur und übe mich – wie bereits erwähnt – im Vergessen. Da wagt sich ein Junge aus der Parallelklasse an mich heran und quatscht mich blöd an. Und ich meine richtig blöd!

Meine üppige Statur scheint für ihn Grund genug zu sein, mich zu hänseln. Dabei kennt der mich überhaupt nicht wirklich und weiß nicht, ob ich womöglich ein nettes Kind bin, mit dem man Pferde stehlen kann. Statt mir die Gelegenheit zu geben, ihm zu beweisen, dass ich eine dufte Type bin, haut er Gemeinheiten raus und gibt mir das Gefühl, verkehrt zu sein, weil ich dick bin.

Da hat er mich heute auf dem falschen Fuß erwischt, schließlich knabbere ich noch an der „Korken-in-der-Flasche-Sache" herum, die ich längst nicht vollständig aus meinem Hirnfleisch geschabt habe. Deshalb

kommt diese erneute Demütigung zur Un-
zeit.

„Bitte hör auf damit", gebe ich ihm zu
verstehen, dass ich seine dummen Bemerkungen über mein Gewicht für deplatziert
halte, immerhin sieht er selbst aus, wie frisch
aus der Mülltonne entsprungen aufgrund
seiner ungepflegten Klamotten. Dazu jedoch
verkneife ich mir jeglichen Kommentar, auf
solch ein jämmerliches Niveau möchte ich
mich nicht herablassen. Den warnenden Un-
terton in meiner Stimme scheint er überhört
zu haben. Er bringt sich nicht in Sicherheit
vor mir. Dabei muss ich aussehen wie eine
Biberratte in der Druckluftkammer – ich
platze jeden Augenblick vor Wut! Offenbar
ist sein IQ so hoch wie der eines Mohnbröt-
chens, denn er setzt seinen Angriff auf mich
fort, statt den gescheiten Rückzug anzutre-
ten. Letztlich bin ich ihm – breit wie hoch –
überlegen und muss neben ihm wie der
Mount Everest wirken. Das übersieht er ge-
flissentlich und wagt es plötzlich, mich zu
schubsen. Mich! Hat der seinen Verstand am
Schuleingang abgegeben? Ich bin die Stärke-
re, das muss er doch sehen!

Seine Handgreiflichkeit bleibt deshalb
auch ohne Folgen für mich. Ich stehe nach
wie vor wie ein Hochhaus auf demselben

Fleck. Doch mein Adrenalinspiegel steigt dramatisch an und da ich ein Kind bin, habe ich meine Emotionen noch nicht so gut im Griff. Also rauche ich wie eine Lokomotive und hole kräftig Schwung, um mich für sein ungehobeltes Verhalten zu revanchieren. Mit meinen flachen Händen drücke ich gegen seinen Brustkorb und schubse zurück. Nimm das, du Leuchte, denke ich und freue mich über diese gewonnene Schlacht. Denn er verliert das Gleichgewicht und fällt wie ein Kegel nach hinten. Dummerweise knallt er mit der Rübe direkt an die Heizung (was einen ziemlich hohlen Klang verursacht) und mir bleibt mein Siegesgesang, den ich gerade anstimmen wollte, im Halse stecken. Sprungartig stellt sich ein schlechtes Gewissen bei mir ein. Dabei malte ich mir in Gedanken bereits aus, wie ich seinen Skalp an die Wölfe verfüttere, mit meinen Rothautbrüdern ums Lagerfeuer tanze und das Kriegsbeil ausgrabe. Immerhin fühlte ich mich für eine Zehntelsekunde wie eine echte Kriegerin – unbesiegbar und furchteinflößend. Aber diese dämliche Heizung hat mir die Suppe versalzen und meinen grandiosen Sieg, für den ich hätte gefeiert werden müssen, zu einer krachenden Niederlage werden lassen: Das Bleichgesicht liegt mit einer Gehirnerschütterung am Boden und nun bin nicht ich das Opfer, sondern plötzlich er!

Prima! So hatte ich mir das nicht vorgestellt. Also kann ich mir die Ordenverleihung in die Haare schmieren und mir stattdessen eine Tadel-Verleihung beim Direktor persönlich abholen.

Mit hängenden Schultern schlurfe ich zur Schlachtbank und klopfe gegen das Tor. Herr Beilfuß öffnet die Pforte und bittet mich in sein Büro.

„Aber Claudia", beginnt er seine Standpauke, während ich mich noch frage, ob der Stuhl, auf dem ich sitze, elektrisch ist oder ein handelsüblicher Folterstuhl. „So etwas macht man doch nicht. Warum hast du den Peter denn gleich schubsen müssen? Weißt du nicht, dass man Streitigkeiten auch mit Worten begegnen kann? Gewalt ist keine Lösung."

„Aber der hat angefangen!", versuche ich, mich – zugegeben etwas banal – zu verteidigen. Aber hey, ich bin ein Kind und unschuldige 9 Jahre alt. Da ist man im Argumentieren noch alles andere als geschickt. Was ist ein Argument?

„Es spielt überhaupt keine Rolle, wer angefangen hat", erwidert Herr Beilfuß deshalb auch.

„Du wirst dich bei dem Peter entschuldigen."

Hab ich Wattekugeln in den Ohren oder warum hörte es sich gerade so an, als solle *ich* mich für etwas entschuldigen, was ich bloß in zweiter Instanz zu verantworten habe? Und wer entschuldigt sich bei mir? Ich bin ebenfalls verletzt, auch wenn meine Wunden nicht sichtbar sind. Meine Seele hat was abbekommen – wurde böswillig mit Füßen getreten. Das kann ich nicht so einfach wegstecken. Da reicht kein schlichtes Pflaster mehr. Ich bräuchte einen fetten Druckverband, der meine klaffende Wunde zusammenpresst – mich vorm Verbluten schützt. Aber darauf brauche ich hier nicht zu hoffen. Herr Beilfuß hat sein Urteil gesprochen. Ich bin schuldig im Sinne der Anklage. Wahrscheinlich kann ich froh sein, dass mir der elektrische Stuhl erspart bleibt. Daher nicke ich Herrn Beilfuß zu, um ihm zu signalisieren, dass ich meine Strafe akzeptiere und mich dem Urteil beuge.

Inzwischen habe ich mich bei Peter entschuldigt. Vielleicht kam meine Entschuldigung nicht aus tiefstem Herzen, aber sie war durchaus ehrlich gemeint. Wenn ich eines nicht will, dann einem Menschen schaden.

Ich bin dankbar, dass Peter nichts Schlimmeres passiert ist.

Es vergehen einige Monate und langsam wächst Gras über diese Geschehnisse. Im Turnverein muss ich keine Staffel mehr mitmachen (bestimmt hat Beate Angst um die teuren Sportgeräte) und Peter geht mir seit dem Vorfall respektvoll aus dem Weg. Ihm muss klar geworden sein, dass man sich mit einem Berg von Kind wie mir besser nicht anlegen sollte. Aber ich feiere meinen späten Triumph, letztlich doch gesiegt zu haben, still und heimlich für mich allein. Ich bin kein Ätsche-Bätsche-Kind. Solche Torheiten überlasse ich den Doofnasen.

Inzwischen bin ich zu einer stolzen Schülerlotsin geworden. Bei der letzten Abstimmung fiel die Wahl unter anderem auf mich und ich bin superstolz, solch eine wichtige Aufgabe übernehmen zu dürfen. Ich vermute mal, dass es praktische Gründe für diesen Entschluss gab: Ein Kind mit einem ausgedehnten Volumen macht auf der Straße schon was her. Das wird nicht so schnell übersehen, wenn es die anderen Kinder über den Damm lotst. Es steht wie eine Mauer im Weg und dient im Notfall als Airbag.

Ich erwäge deshalb, mal Verkehrspolizistin zu werden. Das könnte *mein* Beruf werden! Leider bahnt sich auch hier eine neue Niederlage an. Im Einstecken der selbigen bin ich langsam geübt. Man findet keine passende Ausrüstung für mich, die Westen sind mir der Reihe nach zu klein. Schon schwindet mein neuer Berufswunsch dahin. Mir wird augenblicklich klar, dass eine Verkehrspolizistin eine Uniform tragen muss. Das könnte mich als Erwachsene in erneute Schwierigkeiten bringen. Es reicht bereits, dass ich in diesem zarten Alter ein Trauma nach dem anderen wegdrücken muss. Das ist schwer genug. Wenigstens später möchte ich mir über eine zu enge Ausrüstung keine Gedanken mehr machen müssen.

Also verwerfe ich meine Berufsträumereien und stelle mich erneut der bitteren Realität: nämlich, dass mir die Lotsenwesten beim besten Willen nicht passen und ich eine viel zu kleine erhalte, die mir den Spaß und die Lust an meiner Lotsenaufgabe raubt.

3

Endlich bin ich etwas älter und gehe auf die Gesamtschule. Dünner bin ich jedoch nicht geworden. Wahrscheinlich hat sich mein Bauchumfang vervielfacht. Trotzdem kann ich mich gut „einfügen" und gewinne viele Freunde. Wer mich erst mal kennt, merkt schnell, dass ich easy drauf bin und für jeden Quatsch zu haben. Ich bin eine Ulknudel und versprühe meine Lebensfreude.

Dennoch ist nicht alles perfekt und umso älter ich werde, desto mehr Probleme kommen hinzu. Denn nun bin ich ein Teenager und habe mit neuen Sorgen zu kämpfen.

Gerne würde ich die gleichen todschicken Markenklamotten tragen wie meine Mitschüler, möchte dem Trend folgen und meinen Freundinnen in nichts nachstehen. Doch nichts will richtig passen! Die Mode ist nur was für Schlanke! Verflixt und zugenäht, was denken sich die Modeketten nur dabei? Ich fühle mich total diskriminiert, weil es in meiner Konfektionsgröße den neuesten Style nicht zu kaufen gibt. Für mich gibt es lediglich mittelalterlichen Schlabberlook im Hauspantoffelcharme.

Supi, denke ich, so klappt's bestimmt auch mit den Jungs.

Und es kommt, wie es kommen muss: Ausgerechnet der Typ, auf den ich am meisten stehe, findet, dass ich ein guter Kumpel bin und einen tollen Charakter habe. Echt knorke, auf so einen Spruch habe ich mein Leben lang gewartet! Der ist auf der Beliebtheitsskala in etwa so hoch angesiedelt wie die Bemerkung: „Lass uns Freunde sein" oder „Ich finde dich nett".

Leider bleibt es nicht bei diesem einen Korb, den ich mir aufgrund meiner molligen Statur einfange. Ein hübsches Gesicht und ein toller Charakter allein zählen nicht. Hier sind mindestens Modelmaße und ein trendy Look gefragt.

Gott sei Dank sieht das nicht jeder Junge so. Deshalb habe ich das Glück, mich trotz meiner kleinen Makel verlieben zu dürfen, und ich bin froh, dass meine Gefühle erwidert werden: von Mario, meinem ersten Freund. Er hat mich und meine Freundin Andrea angesprochen, als wir Federball vor unserem Haus spielten und ich gerade dabei war, einen leichtfüßigen Grätschsprung mit dezentem Effet auszuüben, der zu einer äußerst galanten Annahme des Balls führte und mich wie die Queen of Federball aussehen ließ. Ich strahlte wie ein überdimensionales Glühwürmchen und mein Leuchten muss Mario direkt ins Herz getroffen haben. Jedenfalls fühlte er sich durch meine wohlgenährte Statur nicht abgeschreckt und nach ein paar Wochen Flirterei wurden wir ein Paar.

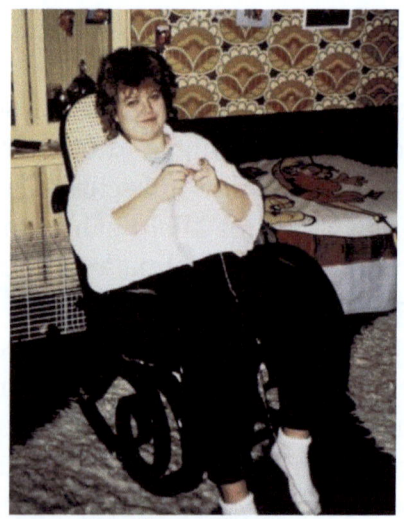

Claudia mit 13 Jahren

Da bin ich also: ein taufrischer Teenager von 13 Jahren, verliebt bis über beide Ohren und – sorry, Jungs – vom Markt. Ich bin in festen Händen trotz mancher Rundungen an den falschen Stellen, trotz Dehnungsstreifen.

Bitte schön, Leute, alles ist möglich! Auch ein Moppelchen wie ich hat Chancen beim männlichen Geschlecht. Manchmal reichen ein toller Charakter und ein hübsches Gesicht eben doch! Das macht mir Mut und vergrößert meine Hoffnung, auch später mal ein „normales" Leben führen zu dürfen.

Es vergeht ein Jahr der Glückseligkeit. Ich bin nach wie vor mit dem zwei Jahre älteren Mario zusammen und inzwischen sexuell erprobt. Mein Gewicht war beim Schmusen nie ein Thema und nicht nur deshalb kommt mir alles richtig und gut vor. Denn obwohl ich keine brasilianische Bikinischönheit bin, habe ich einigen meiner dünnen Mädels etwas voraus: Ich habe einen festen Freund, während sie bloß davon träumen.

Meinen 14. Geburtstag feiere ich groß mit Freunden im Badeparadies. Keine Ahnung, warum ich mir diesen Ort für meine Party ausgesucht habe, aber ich sagte ja bereits, dass mein Selbstbewusstsein unerschütterlich ist, und nach einem Jahr Beziehung mit einem schlanken Jungen, komme ich mir wohl schon wie ein Grashalm vor. Daher denke ich nicht darüber nach, dass ich im Badeanzug womöglich nicht annähernd so grazil wirke wie meine mageren Freundinnen in ihren knappen Bikinis. Darum rechne ich auch nicht damit, ausgerechnet an meinem Geburtstag enttäuscht zu werden. Immerhin ist das mein großer Tag, an dem nur ich im Mittelpunkt stehen möchte. Stattdessen drängt sich ein Ereignis ins Zentrum dieses Nachmittags, das mein Herz beinahe zerbrechen lässt: Mario ist verschwunden, und das inzwischen viel zu lange. Ich frage die Gruppe, ob ihn jemand gesehen hat. Aber niemand weiß, wo er steckt. Also mache ich mich auf, um ihn auf dem großen Gelände zu suchen, was wirklich nicht leicht ist, denn es wimmelt hier nur so vor badewütigen Menschen. Plötzlich kommt mir ein Gedanke, den ich im Grunde nicht für möglich halte, trotzdem entscheide ich mich, ihm nachzugehen. Wollte ich ungestört sein, würde ich mich in einer der künstlich geschaffenen Grotten verkriechen, die man lediglich schwimmend erreichen kann. Ein prima Versteck, um für sich zu sein.

Also hüpfe ich ins Wasser und kraule eilig dorthin. Kaum habe ich den Eingang der Höhle passiert, erstarre ich wie ein schockge-

frostetes Gummibärchen. *Mein* Mario und
eine gute Freundin in eindeutiger, zweifel-
hafter Position. Man könnte sagen, ich habe
sie in Flagranti erwischt. So was von mitten-
drin in Flagranti, dass mir diese Pose wohl
ein Leben lang in Erinnerung bleiben wird.
Mein schockgefrosteter Zustand weicht einem explosiven Gemisch aus Mordlust, Fol-
tergedanken und Rachegelüsten gepaart mit
Zerstückelungswünschen und der Vorstellung einer qualvollen Scheiterhaufenver-
brennung bis hin zum Plan einer Häutung
bei vollem Bewusstsein. Ich entscheide mich
für die Flucht, die gar nicht mit auf der Liste
steht, aber durchaus auch ihre Vorteile bietet: Immerhin bleibt mir so erspart, mich
länger mit dieser Sache zu beschäftigen. Ich
will nur noch eines: hier so schnell wie möglich weg, mich auf eine einsame Insel beamen und dort so lange vor mich hin weinen,
bis ich ausgetrocknet bin.

Deshalb verlasse ich den Ort des Grauens
und gehe zurück ins Wasser. Statt einen
Krieg anzuzetteln, schwimme ich friedsam
davon. Doch Mario folgt mir und gibt zu
Protokoll:

„Aber es ist doch überhaupt nichts gewesen!"

Hä? Warte mal, wo ist mein Kugelschreiber? Den Satz muss ich mir für die Nachwelt notieren. Der könnte ein Burner in zukünftigen Filmmanuskripten werden:

Sie erwischt ihn beim Sex im gemeinsamen Ehebett mit einer anderen.

Sie: „Freddy, du betrügst mich!"

Sie läuft aus dem Haus. Er nackig hinterher.

Er: „Aber es ist doch überhaupt nichts gewesen!"

Sie (also eigentlich ich): „Sage mal, willst du mich veräppeln?"

Darauf fällt Freddy, ich meine Mario, schon nichts mehr ein und verstummt wie ein geknebeltes Murmeltier. Besser so! Wer weiß, was ich ihm sonst alles an den Kopf geworfen hätte. So bewahre ich mir wenigstens etwas Würde, die mir sonst im chlorverseuchten Wasser endgültig verloren gegangen wäre.

Ich habe Schluss mit ihm gemacht, schließlich kann man so einen Vertrauensbruch nicht verzeihen. Hinzukommt, dass mich dieses unliebsame Erlebnis einige Federn gekostet hat. Marina, das Mädel, mit dem er sich vergnügte, ist ein wandelnder Strohhalm. Ich sehe im Vergleich wie ein Torpedorohr aus. Bedeutet dies jetzt, dass mir mein Ex was vorgemacht hat und er sich in Wahrheit zu schlanken Figuren hingezogen fühlt? Bin ich ihm letztlich doch zu dick gewesen? Diese Frage nagt an mir, ebenso wie die Tatsache, unendlich verletzt worden zu sein. Jetzt brauche ich erst mal Zeit, um meine Wunden zu lecken, bevor ich mich nochmals in ein Liebesabenteuer stürzen kann.

Erstaunlicherweise dauert es nicht so lange wie gedacht, bis ich mich wieder verliebe: in Udo, meine neue große Liebe! Er nimmt mich, wie ich halt bin: unvollkommen, immer bestens gelaunt und ziemlich unterhaltsam. Wir haben eine Menge Spaß zusammen und vielleicht genießt er es, seine Zeit mit einer unkomplizierten Person zu verbringen.

Eineinhalb Jahre geht es gut mit uns beiden, bis er plötzlich einfach so verschwunden ist. Als ich ihn anrufen will, ist das Telefon abgemeldet. Also dackle ich zu ihm und wundere mich, dass sein Name auf dem Klingelschild entfernt wurde. Von jetzt auf eben ist er weg, hat sich wie ein Geist in Luft aufgelöst. So seltsam kann auch nur eine meiner Beziehungen enden. Gerne hätte ich ja gewusst, woran's gelegen hat, welchen

Grund es gab, mich so sang- und klanglos abzuservieren. Aber hey, du da oben mit deinem weißen Rauschebart, vielleicht fädelst du mal einen kleinen Zufall ein, damit ich noch erfahren darf, warum Udo sich wortlos verkrümelt hat. Ich fände es nur fair, wenn du einen pummeligen, verunsicherten Teenager mit seinen Fragen nicht so alleine lässt. Schließlich hast du auf deiner Wolke alles gut im Blick und weißt genau, was los ist. Wenn ich mich nicht irre, bist du doch für die Seelenrettung zuständig. Und meine muss gerade so was von gerettet werden, denn ich habe Liebeskummer und befürchte erneut, wegen meiner Pfunde verlassen worden zu sein. Das kannst du unmöglich so stehen lassen, wenn du möchtest, dass ich mich störungsfrei entwickle. Hallo, darf ich fragen, wo Sie sind? Ich brauche Trost. – Na schön, dann halt nicht. Ich schaffe es auch allein, wieder auf die Füße zu kommen. Bisher habe ich alles irgendwie gewuppt. Nur nicht abzunehmen.

Bald darauf kommt meine große Chance, Olivia Newton John auf die Ersatzbank zu kicken und mit John Travolta elfengleich wie ein zartes Gänseblümchen unterm Sternenhimmel zu tanzen. Meine Eltern treffen mit dem Arzt und meiner bescheidenen Wenigkeit die Übereinkunft, mich zur Kur zu schicken. Dort soll die kleine, dicke Teenagerin Claudia endlich eine kleine, dünne Teenagerin werden. Wenn's schön macht! Ich bin dabei!

So stehe ich mit meinen Eltern voller Vorfreude auf mein neues superschlankes Leben am Bahnhof und warte auf den Zug, der mich für sechs Wochen nach Österreich bringen soll.

Richtig traurig bin ich nicht, als wir uns verabschieden. Immerhin erwartet mich mal wieder ein großes Abenteuer. Außerdem sehe ich mich bereits als Bohnenstange zurückkommen und freue mich definitiv auf die erstaunten Blicke meiner Eltern. Und Johnny, du kannst schon mal dein sexy Tanzdress für mich bereit legen, das mit den herrlich funkelnden Glitzersteinchen und einen passenden Song von den Bee Gees für uns auswählen. Hollywood, ich komme!

Im Zug bin ich nicht das einzige dicke Mädchen auf dem Weg in die „Abnehmhölle". Ich lerne zwei nette Mädels auf der Reise kennen und schon fühlt sich dieser Trip ins Ungewisse viel fröhlicher an. Wir kichern rum und stellen uns vor, wie wir mit einer Wespentaille aussehen würden. Ich mag mir gar nicht ausmalen, wie das wäre. Die Jungs würden womöglich Schlange bei mir stehen und ich bekäme keine Ruhe mehr. Ach herrje, das kann ich nicht gebrauchen. Mir reicht einer, und den möglichst für ein ganzes Leben. Ich bin keine Herzensbrecherin, ich hab erfahren, wie es sich anfühlt, ausgemustert zu werden. Daher werde ich so etwas keinem Jungen antun. Jeder Mensch hat das Recht, fair behandelt zu werden. Egal ob dick oder dünn, groß oder klein, jung oder alt. Und selbst wenn ich wider Erwarten schlank wäre, würde sich an meiner Einstellung nichts ändern.

Als ich in der Kurklinik ankomme, beziehe ich mit drei weiteren Mädchen ein Viererzimmer. Ich spüre gleich, dass wir 'ne Supertruppe sind und prima zusammenpassen. Ich könnte glatt vergessen, warum wir hier sind, so lustig geht es in unserem Zimmer zu. Bloß das straffe Programm erinnert mich daran, dass ich nicht zum Spaß nach Österreich gereist bin. Schade, dabei ist Spaß mein zweiter Vorname. Die Betreuer sprühen auch nicht gerade vor Humor. Denen sollte mal jemand erklären, dass man beim Lachen die Mundwinkel nach oben zieht.

Nach einem Gespräch mit dem Arzt ist klar, dass ich 1.400 kcal pro Tag zu mir nehmen darf. Für die bessere Übersicht meiner zukünftigen sportlichen Aktivitäten wird mir ein Plan in die Hand gedrückt. Yeah, Aerobic! Dabei könnten meine Biegekünste gefragt sein. Ich bin immer noch gelenkig wie eine Gliederpuppe. Außerdem liebe ich Musik. Ein bisschen im Takt zu der Mucke wackeln, bringt bestimmt Laune. Schwimmen ist auch super! Ich bin eine Wasserratte. Eine sportliche Aktivität reiht sich an die nächste auf meiner Liste. Bin gespannt, ob wir überhaupt noch zum Essen kommen.

Ja, wir kommen dreimal täglich zum Essen im Speisesaal zusammen und ich staune über meinen stets prall gefüllten Teller. Für den Hunger für Zwischendurch stehen einem Äpfel, Bananen und anderes Obst zur Verfügung. Verhungern werde ich hier nicht.

Vier Wochen vergehen schnell in der Abnehmklinik, immerhin bin ich allein durch die sportliche Rumstrampelei gut beschäftigt. Als ich gerade vom Bergwandern mit meiner Gruppe zurückkehre und froh bin, diese elende Kraxelei hinter mich gebracht zu haben, werde ich darauf hingewiesen, mein Zimmer aufzusuchen und die geplante

Kontrolle abzuwarten. Wie ich erfahre, misstraut man mir. Man vermutet, ich würde mich nicht an den Diät-Plan halten und heimlich essen, da sich mein Gewicht nur unzureichend reduziert. Tatsache ist aber, dass ich meine Essrationen an manchen Tagen kaum schaffe, die Teller dermaßen üppig belegt sind, sodass mir die Salatblätter schon quer im Magen liegen und mir übel wird. Außerdem beteilige ich mich wie ein wildgewordener Flummi an allen sportlichen Aktivitäten und hüpfe so aufgeweckt herum, dass mir danach die Zunge bis zu den Fußspitzen hängt. Nein, ich esse nicht heimlich! Ich wäre ja schön blöd, wenn ich das machen würde, denn quer über den großen Teich wartet Johnny im Glitzeranzug auf mich und groovt sich schon mal ein. Wenn ich dort nicht so leicht wie eine Daunenfeder einschwebe, kann ich meine Träume als Dancing-Queen an den Nagel hängen.

Madame Humorlos und Monsieur Sahnesteif kommen ins Zimmer und durchsuchen unsere Schränke. Ich sitze passiv auf meinem Bett und beobachte sie dabei. Fehlt nur noch, dass wir jeden Augenblick stramm zu stehen und zu salutieren haben. Eine Militärlaufbahn hatte ich eigentlich ausgeschlossen. Es kann aber nicht schaden, hier ein wenig dafür zu üben. Vielleicht überlege ich es mir noch anders, falls sich meine Diät-Träume nicht erfüllen. Als Kanonenkugel mache ich mich bestimmt gut.

„Nun sei ehrlich, Claudia, wo hast du die Süßigkeiten versteckt?", fragt mich Madame Humorlos.

Also schön! Da ich jede Sekunde zu explodieren drohe, kann ich meine Überlegung, beim Militär zu arbeiten, schon wieder abhaken. Mit verschossener Munition können die dort bestimmt nichts anfangen.

„Ich habe aber keine Süßigkeiten", versuche ich der Generalin klarzumachen, dass ich unschuldig bin.

„Dann lass mich doch mal in deine Tasche sehen", verlangt sie und tippt abwartend mit der Fußspitze auf und ab.

„Wenn Sie sich dann besser fühlen, bitte sehr", erwidere ich mit rollenden Augen und öffne meine Reisetasche.

Sie taucht tief mit ihrer Nase ins dunkle Nichts meiner Tasche hinein. Als sie sich über die gähnende Leere darin im Klaren ist, fordert sie, einen Blick in den Koffer zu werfen. Ich mache es ihr leicht und öffne ihn für sie sowie jedes einzelne Fach, das er beherbergt. Nacheinander ziehe ich jeden Reißverschluss auf, während sie ihre neugierigen

Fingerchen überall hineinwandern lässt. Nach dieser Inspektion muss ich meine Sachen erst mal desinfizieren. Ist ja ekelig, wie sie ihre Fingerabdrücke überall verteilt.

Unverrichteter Dinge ziehen die beiden Sheriffs wieder ab und fragen sich wahrscheinlich genauso wie ich, warum meine Pfunde nicht purzeln wollen. Vielleicht wurde ich vom Schicksal verdammt, ein dickes Leben zu führen. Da kann ich machen, was ich will. Der da oben hält seinen Finger auf den Stöpsel, somit kann das überschüssige Fett einfach nicht abfließen. Ich bin wohl ein zu lebensfrohes Mädchen und damit ich nicht übermütig werde, hält er mich klein und breit. Jeder Mensch hat sein ganz eigenes Päckchen zu tragen. Ich halt ein Speckchen.

Als sechs Wochen um sind, kann ich einen Rekord verbuchen. Von allen dreißig Kindern habe ich am wenigsten abgenommen. Ganze 8 Kilogramm bin ich leichter auf der Waage und ich kann nicht behaupten, dass ich mir das ansehen würde. Na ja, was sind 8 Kilo bei einer Gesamtmasse von beinahe unendlich? Ich stehe auf dem Treppchen also auf Platz 1. Irina beansprucht Platz 2 und hat immerhin einen Körperverlust von

16 Kilo zu beklagen. Da kann ich ja froh sein, fast in einem Stück wieder abzureisen. Wer verliert schon gerne was von sich selbst? Alle anderen freuen sich über einen Gewichtsverlust von bis zu 24 Kilogramm. Nun gebt mal nicht so an! Dafür stehe ich im Ranking ganz oben, jedenfalls von unten gesehen. Wo ist mein Pokal?

Meine Eltern holen mich vom Bahnhof ab und als ich das enttäuschte Gesicht meines Vaters sehe, weil ich kaum abgenommen habe, krampft sich mein Magen zusammen. Es fehlt nicht viel und ich schäme mich für meinen Misserfolg, dabei habe ich in der Kurklinik alles gegeben. Ich weiß nicht, woran es haperte, warum ausgerechnet ich gescheitert bin. Vielleicht waren 1.400 kcal für meinen Stoffwechsel noch zu viel. Oder aber die haben sich beim Auffüllen des Essens bei mir vertan. Ich erinnere mich noch gut an die übergroßen Portionen. Womöglich funktioniert mein Körper eben anders als andere und lässt sich nicht in ein Diätschema pressen, das für viele richtig sein mag. Hätte man mich eventuell gesondert betrachten und mir einen individuellen Plan erarbeiten müssen? Einen, der mich als Individuum wahrnimmt und nicht als Massenware.

Frau Claudia Massenware, alle nehmen auf diese Weise ab. Dann hat das gefälligst auch bei Ihnen zu klappen!

Die Enttäuschung meines Vaters tut mir weh. Ich bin doch immer noch ich! Ob dick oder dünn, ich bin es wert, geliebt zu werden. Aber sein Blick gibt mir das Gefühl, fehlerbehaftet zu sein und als dicke Tochter nicht zu genügen. Sein fehlendes Fingerspitzengefühl habe ich zum Glück nicht geerbt. Meine Mutter drückt mich liebevoll an ihre Brust. Schön, dass sich wenigstens einer freut, mich wiederzusehen.

Es vergehen ein paar Tage und Wochen, in denen ich ein wenig vor mich hin grüble. Ist mir dieses Dicksein in die Wiege gelegt worden? Gibt es jemals Hoffnung für mich, eine schlanke Version meiner selbst im Spiegel zu betrachten? Und falls nicht, was bedeutet das für mich, für mein Sozialleben oder meine Gesundheit? Ich versuche, diese quälenden Fragen abzustreifen und mein Leben normal fortzusetzen. Schließlich soll sich nicht nur alles um mein Gewicht drehen. Da draußen gibt es Verpflichtungen, die auf mich warten: die Schule, Hausaufgaben, Familie und meine Freunde und ein bisschen Spaß möchte ich auch noch haben dürfen.

Aber ich nehme mir ab jetzt vor, wieder öfter schwimmen zu gehen, meinen frisch getunten Körper weiterhin zu stählen. Die dazu gewonnene Kondition soll mir erhalten bleiben und zu den verlorenen Pfündchen können sich gerne weitere gesellen und das Zeitliche segnen. Ich lass mir auch 'ne schöne Grabrede einfallen.

Meinen sportlichen Vorsatz setze ich sogleich in die Tat um und betreibe mein nasses Hobby mit einer ebenso großen Leidenschaft wie das Vereinsturnen in der Grundschule. Jede Woche schwimme ich so viele Bahnen hin und her, dass ich dabei völlig die Zeit vergesse. Ich genieße diese Leichtigkeit im Wasser und verspreche mir davon, weiter abzunehmen. Ich möchte es wirklich, aber wenn ich zu viel darüber nachdenke, tut sich ein Berg vor mir auf, der mir unbezwingbar erscheint. Ich habe keine Ahnung, wie andere Menschen es hinbekommen, so unglaublich viel Gewicht zu verlieren. Und ehrlich gesagt glaube ich auch nicht daran, dass ich etwas derart Unmögliches jemals hinbekomme.

Diese Einstellung müssen wohl die anderen Badegäste an mir bemerken. Oder liegt es an meiner Unförmigkeit, über die sie ziemlich öffentlich die Nase rümpfen? Können die nicht etwas dezenter auf mich starren? Ihre abschätzigen Blicke verletzen mich. Aber das ist ihnen egal. Sie sehen mich an als wäre ich eine Alien-Superqualle, die mit ihrem Raumschiff versehentlich über diesem Schwimmbad abgestürzt ist.

Sorry, Leute, ich bin falsch abgebogen!

Ich gewöhne mir an, ein T-Shirt über den Badeanzug anzuziehen. Auf diese Weise verstecke ich mich und gebe den anderen keine Gelegenheit, zu viel von meinem makelbehafteten Körper zu erhaschen. Das gibt mir Sicherheit und das trügerische Gefühl, ich würde ihnen somit die Sicht auf mich versperren.

Trotz dieser kleinen Missstände bin ich auch sonst ein lebhafter Teenager. Plumpe Bemerkungen oder taktlose Blicke können mich nicht bremsen. Ich mache alles mit, bin für jede Schandtat bereit. Dass ich dick bin, hindert mich doch nicht daran, mit Freunden aktiv zu sein. Zu Hause den Hintern platt sitzen kann ich mir auch noch mit achtzig. Falls ich dieses biblische Alter jemals erreiche. Schließlich sterben übergewichtige Menschen statistisch gesehen früher. Da will ich mal nicht annehmen, dass ich eine Ausnahme bin. Und da ich schon seit frühester

Kindheit überschüssige Fettdepots mit mir herumschleppe, gehe ich eher von einem frühen Tod aus. Aber das ist noch Zukunftsmusik und liegt in weiter Ferne. Hey, ich bin ein Teenager! Wer denkt in diesem Alter über sein Ableben nach?

Ich!

Ganz ehrlich, ich denke tatsächlich manchmal darüber nach. Und umso älter ich werde, desto öfter treten solche Gedanken auf. Aber noch kann ich den störenden Beifang wieder aus dem Netz fischen und zurück ins Gedankenwirrwarr werfen, wo er sich mit dem Gehirnschmalz vermischt und zu einem Brei überflüssiger Grübeleien auflöst.

Somit kann ich mein Leben störungsfrei weitergenießen – im Großen und Ganzen. Ich treffe mich mit meinen Freunden zum Rollschuhfahren oder zum Eislaufen. Ich bin Claudi, für mich gibt es keine Hindernisse! Yeah! Solange die Eisbahn oder Rollschuhbahn mit einem stabilen Untergrund ausgestattet ist, steht meinen Pirouetten nichts im Wege. Ich übe regelmäßig und bewege mich auf den Schlittschuhen bereits geschickter als meine Freundinnen. Darum denke ich mir nichts dabei, als wir uns zum Eisgleiten am

See verabreden – an einem herrlich sonnigen, bitterkalten Wintertag.

Wir setzen uns in den Schnee und ziehen uns die Schlittschuhe über. Heute werde ich allen zeigen, dass ich die neue Eisprinzessin sein werde. Immerhin beherrscht keiner dieses kalte Hobby so gut wie ich. Meine Freundinnen stecken schon in ihren Schuhen, während ich noch schwerfällig dabei bin, die Schnürsenkel zu verknoten. Sie warten auf mich, geben mir die nötige Zeit, die ich brauche. Aber dann geht es endlich los und alle eiern auf wackligen Kufen über den Gehweg zum See. Als wir die Eisfläche erreichen, gleiten die Mädels bereits davon, während ich mich vorsichtig auf dem Eis vorantaste. Irgendetwas scheint hier nicht mit rechten Dingen zuzugehen. Es knackt und knistert unter meinen Füßen und mit jedem Schritt hört es sich bedrohlicher an. Bevor ich den sterbenden Schwan spiele, entscheide ich mich, meinen Alabasterkörper aus der Gefahrenzone zu bringen. Einen Tag in der Notaufnahme kann ich nicht gebrauchen. Denn eines ist klar: Ein See im Winter ist schön anzugucken und dabei belasse ich es zukünftig. Beim Eislaufen halte ich mich lieber an künstlich erschaffene Gleitflächen. Die sind statisch geprüft und für den Schwertransport geeignet. Hier kann ich mich sicher fühlen und muss bei einem zu heftigen Hüftschwung nicht befürchten, auf nimmer Wiedersehen in die dunklen Tiefen der Unterwasserwelt abzutauchen.

Im Sommer steige ich von den Kufen aufs Fahrrad um und radle mit meinen Freunden durch die Gegend. Ich sagte ja, ich bin rastlos wie jeder andere Teenager in meinem Alter und dieser Drang, mich viel zu bewegen, wurde mir bereits mit der Muttermilch mitgegeben. Da ich immer alles mitmache und meine stets gute Laune ansteckend ist, lieben es meine Freunde, etwas mit mir zu unternehmen. Auf ihrer Meetingliste stehe ich ganz oben und mich freut's, dass ich mich trotz meiner stämmigen Statur vollkommen „normal" fühlen darf. Von Zeit zu Zeit vergesse ich sogar, mich wie ein aufgeploppptes Marshmallow-Männchen zu sehen, und bilde mir ein, mich könnte nichts erschüttern. Immerhin bin ich umgeben von normalgewichtigen Freunden, die mich respektieren und schätzen, egal, wo der Zeiger auf der Waage steht. Da kann einem schon mal entfallen, keine Salzstange zu sein, und davon träumen, der neue aufgehende Star am Spargelhimmel zu sein.

In der Schule bin ich gerade zur Klassensprecherin gewählt worden, weil meine Mitschüler erkannt haben, wie unerschrocken ich bin. Vielleicht ist mein gesundes Selbstbewusstsein in meine DNA einprogrammiert worden oder aber mich hat das Leben als dauerhaft mollige Person stark gemacht, weil ich mich unentwegt gegen verbale Angriffe und Blicke wehren muss.

Da legt man sich einen Schutzpanzer zu und lernt von Jahr zu Jahr besser, sich zu verteidigen. Ich weiß, was ich zu sagen habe, wenn mir jemand doof kommt. In strategischer Kriegsführung bin ich inzwischen ein Ass. Mit mir gewinnt man jede Schlacht. Darum bin ich auch als Klassensprecherin genau die Richtige für diesen Job. Ich setze mich mit ganzer Kraft für meine Mitschüler ein. Und auch die Lehrer zollen mir und meinem Gerechtigkeitssinn Respekt. Weil ich ihnen gegenüber versiert und diszipliniert auftrete, würden sie niemals vermuten, dass ich der Spaßvogel war, der sich vor der letzten Klassenfahrt ein paar Scherzartikel besorgte, um für heitere Stimmung zu sorgen.

Somit landeten vereinzelte Gummispinnen oder täuschend echt aussehende Riesenameisen in einigen Betten. Das Geschrei aus den Zimmern, als die Bettdecken aufgeschlagen wurden, war bis zur chinesischen Mauer zu hören. Der Schall prallte daran ab und flog ohne weitere Umwege in die Zimmer der Lehrer, die sich sofort auf die Suche nach dem Übeltäter machten.

Meine Freundinnen und ich hatten einen Mordsspaß und jeder, dem meine Schandtat bekannt war, hielt dicht. Als Klassensprecherin war ich für die Lehrer eine Ansprechpartnerin auf Augenhöhe. Selbstverständlich war ich direkt bereit, mich der Suche anzuschließen. Wenn einer in der Lage war, einen Straftäter dingfest zu machen, dann ich! Schließlich ist meine Spürnase legendär, das wussten auch die Lehrer. Doch in diesem Fall blieb ich erfolglos – wie seltsam!

Das war wirklich lustig.

Ich gehe gern zur Schule, habe gute Noten und von mir aus kann alles ewig so weitergehen. Ich habe nette, schlanke Freundinnen, die mich mögen, auch wenn ich aus der Form geraten bin.

An dieser Stelle muss ich mich mal eben in die Gegenwart zurückbeamen – ins Jahr 2020. Entschuldigt, Leute, falls ich Euch damit verwirre, aber ich lach mich gerade schlapp. Meine liebe, langjährige Freundin

(32 Jahre treue Freundschaft/oh Gott, wie alt bin ich?) Frau Autorin Sabine Richling interviewt mich fürs Buch und fragt mich, als chronische Bohnenstange, ob mein Übergewicht für meine früheren schlanken Freundinnen mal ein Thema war. Ich antworte mit:

„Nein, Andrea war klasse und hat meine Pfunde nicht gesehen. Sie legte großen Wert auf unsere Freundschaft."

Binchen fragt:

„Hattest du bei Karina mal ein blödes Gefühl wegen deines Übergewichts?"

Claudi antwortet:

„Nein, sie mochte mich, wie ich war."

Binchen schreibt, während ich ihr mit dem Stuhl näher rücke und sie anstarre:

„Dann gebe ich die Frage doch gleich mal zurück", sage ich und reibe mir die Hände.

Als Sabine und ich uns kennenlernten, war ich 15 Jahre alt und – na klar, dick! Sie hingegen ein Strich in der Landschaft. Wenn es also jemand beurteilen kann, wie es war, das pummelige Mädchen Claudi kennenzulernen und mit ihr befreundet zu sein, dann Frau Autorin persönlich.

„Wie war es so für dich, ein Dickerchen zur Freundin zu haben? Hat es dich gestört?"

„Nö", antwortet sie und grient bis zu den Ohrläppchen, weil ich das Interview nun an mich reiße. „Du warst halt Claudi", fährt sie fort und muss nicht lange überlegen. „Wer dir begegnet, sieht nur einen offenen, lebensfrohen Menschen, der meistens gut drauf ist. Man kann mit dir lachen und tolle Gespräche führen. Alles andere spielt keine Rolle."

„Siehste", erwidere ich. „Dann hast du dir die Antwort stellvertretend für alle anderen schlanken Freundinnen ja selbst geben können." Wir grinsen. „Und danke für dein Kompliment", ergänze ich. „Ich finde dich auch dufte, obwohl du schlank bist."

„Na", bemerkt Sabine amüsiert, „da bin ich ja froh, dass du über mein Gewicht hinweggesehen hast und dich mit der abgenagten Fischgräte befreundet hast."

„Du warst halt lustig."

„Und weil ich so lustig bin, schreibe ich dir jetzt dein Buch."

„Danke."

„Bitte."

„Du bist doof."

„Du auch."

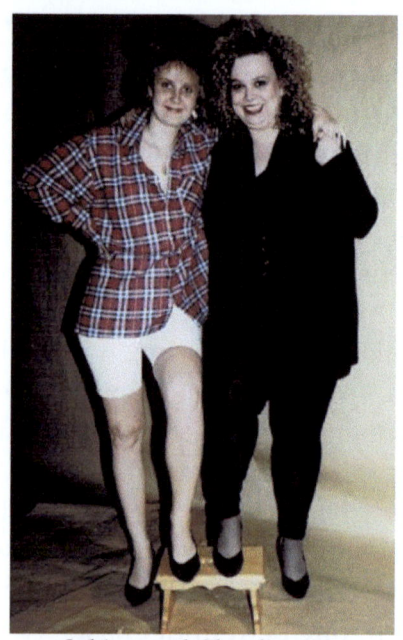

Sabine und Claudia 1996

So, dann wollen wir im Zeitschiff mal wieder zurücksegeln. Ich bin immer noch Teenager und mache Berlin unsicher.

Richtig gerne gehe ich mit meiner Freundin Andrea auf den Rummel. Ich habe einen sehr großzügigen Vater, dem das Wörtchen „Nein" unbekannt ist. Daher gibt es selten Probleme, wenn ich mich verabreden möchte oder etwas Geld benötige. Und da ich meine Freiheiten nicht ausnutze, lassen mich meine Eltern gewähren und halten mich an der langen Leine. Das weiß ich wirklich zu schätzen, denn ein hyperaktiver Mensch wie ich lässt sich nicht einsperren. Ich muss raus und was erleben. Staub ansetzen kann ich auch noch in der Kiste.

Meistens gehen Andrea und ich mittwochs auf den Rummel, weil es dann billiger ist. Alle Fahrten in den Fahrgeschäften gibt es zum halben Preis und da ich vom Rumfliegen durch die Lüfte nicht genug bekommen kann, ist der Kindertag auf der Kirmes wie für mich geschaffen. Denn der halbe Preis bedeutet doppelt so viel Spaß.

Aber leider sind mir auch hier Grenzen gesetzt. Mein fülliger Leib lässt sich nicht in jeden Sitz reinquetschen. Manchmal komme ich mir vor wie ein aufgehender Kuchenteig, der in seiner Not aus dem Backförmchen herausquillt und überlappt.

Ins Kettenkarussell passe ich gar nicht erst rein und das Achterbahnfahren wird zu einer lebensbedrohlichen Angelegenheit für meine schlanke Freundin, da sich der Sicherheitsbügel aufgrund meines ausgedehnten Volumens nicht weit genug herunterdrücken lässt. Wir überlegen noch kurz, ob wir das Risiko eingehen wollen, wobei *mich* die Stange ja sicher umschmeichelt. Nur Andrea hätte wie ein Hering durchs Netz schlüpfen und einen dreifachen Salto über das Rummelgelände machen können. Bevor wir etwas Dummes entscheiden, was mich womöglich zur Witwe gemacht hätte, kommt der Fahrgeschäftsheini vorbei und trennt uns voneinander. Andrea muss sich umsetzen in einen anderen Wagen. Ich bekomme Besuch von einer grob übergewichtigen Person, die mir an die Seite gesetzt wird. Na prima! Hoffentlich hält das Achterbahngestell uns aus. Nicht, dass das gesamte Gerüst zusammenkracht, bevor es richtig losgeht.

Was soll's! Heute ist ein guter Tag zum Sterben! Und wer dankt nicht gerne dabei ab, wenn's gerade am schönsten ist. Und Achterbahn fahren ist schön!

Ich lebe noch und habe neue Pläne. Inzwischen ist Sommer und die Ferien stehen vor der Tür. Mit meiner Klassenkameradin Karina träume ich von einer Reise an den Gardasee. Und damit aus meinem Traum schnell Wirklichkeit wird, überfalle ich meinen Vater am Abend, als er gerade von der Arbeit nach Hause kommt. Immerhin ist Eile geboten in dieser Sache. Denn habe ich mir erst mal etwas vorgenommen, ist es zwingend notwendig, meine ausgereiften Gedanken direkt umzusetzen. Ich bin viel zu kribbelig, um unnötige Zeit vergehen zu lassen. Und niemand kann behaupten, Karina und ich hätten nicht alles gut durchdacht. Zugegeben, wir sind erst zarte 15 Jahre alt und welche Eltern erlauben ihren Kindern in diesem Alter allein zu verreisen? Aber Karinas Eltern werden vor Ort sein und auf einem Campingplatz in der Nähe urlauben. Somit sind Erziehungsberechtigte anwesend – jedenfalls theoretisch gesehen. Also ist alles ganz easy.

Mein Vater reibt sich nachdenklich das Kinn. Diese Geste kenne ich schon. Sie bedeutet so viel wie: Geht in Ordnung, mein Kind. Ich muss nur ein bisschen so tun, als würde ich mir die Entscheidung nicht leicht machen. Aber eigentlich kann ich dir kaum einen Wunsch abschlagen.

Und so kommt es wie erhofft. Mein Paps sagt Ja und bucht für uns ein kleines, günstiges Hotel mit Halbpension. Ich bin außer mir vor Freude. Endlich alleine verreisen! Das wird spaßig!

Unser Hotel ist einfach und bietet keinerlei Komfort. Aber das ist wurscht! Wir sind zwei minderjährige Teenager, die sich frei fühlen und ihre Flügel zum ersten Mal ausbreiten dürfen. Wir werden es so richtig krachen lassen und uns amüsieren, bis der Arzt kommt.

Unser Zimmer hat einen bescheiden-schönen Ausblick zum Hof. Manchmal winkt uns ein netter Italiener von unten zu und verwickelt uns in ein Gespräch, wenn wir unsere blonden Häupter aus dem Fenster halten. Er ist lustig, aber für so junge Mädels, wie wir es sind, eine Spur zu angestaubt. Wir könnten seine Töchter sein.

Karina und ich waschen unsere Wäsche per Hand und hängen sie danach ans Fenster. Dass ihre Unterbuxen im Vergleich zu meinen Püppchengröße haben, übersehe ich einfach mal. Ich will mir doch den Urlaub nicht verderben.

Eines Morgens werden wir durch lautes Rufen vom Hof geweckt.

„Berliner, Berliner!", schallt es zu uns nach oben.

Mit verklebten Augen und zerzaustem Haar schleichen wir zum Fenster und sehen nach, was los ist. Da steht unser Italiener breit grinsend mitten auf dem Hinterhof und lässt meinen wenig schmeichelhaft aussehenden BH um seinen Zeigefinger kreisen. Ein Wunder, dass er mit dem herumsausenden Segel nicht vom Wind weggeweht wird. Ich kann diesen Anblick kaum ertragen, immerhin geht es hier nicht bloß um ein unscheinbares Halstuch. Nein, dieser Wüstling ist so unverhohlen, meine unsexy, übergroße Unterwäsche um seinen italienischen Finger zu drehen. Ich könnte sterben vor Scham. Doch das wäre zu einfach. Würde ich bei jeder kleinen Peinlichkeit gleich hopsgehen, wäre ich früh gestorben.

Ich springe in meine Klamotten, um diesem unangenehmen Treiben ein Ende zu setzen. Nicht auszudenken, wenn andere Hotelgäste ans Fenster stürmen und einen unverfälschten Blick auf meine XXL-Wäsche erhalten. Nix da, der Bällehalter muss sofort zurück in meinen Besitz!

Ich eile die Treppen runter und stürze auf den umhertanzenden Italiener zu. Her damit, dein indiskreter Auftritt dauert schon viel zu lang!

Zum Glück drückt er mir mein Eigentum ohne Umschweife in die Hand. Er flirtet mit mir, während ich noch dabei bin, meine heiße Rübe abzukühlen. Gott, was für eine schräge Situation!

Trotzdem lache ich mit ihm und scherze herum. Dabei möchte ich am liebsten im asphaltierten Boden des Innenhofes verschwinden.

Claudia Gardasee 1988

Beim nächsten Mal werfe ich ihm Karinas Höschen zu. Die kann er dann um seinen kleinen Zeh herumdrehen.

Und als wäre diese Pein nicht groß genug, nein, zu meinem Pech treffen wir den Italiener von nun an regelmäßig im Ort, sodass ich stets aufs Neue an diese Schmach erinnert werde. Ich glaub das nicht!

Claudia Gardasee 1988

In diesem Urlaub lernen wir Sabine kennen, die mit ihrer Stiefschwester und ihren Eltern ebenfalls die Ferien am Gardasee genießt. Ich konnte ja zu diesem Zeitpunkt noch nicht ahnen, dass hieraus eine Freundschaft entsteht, die gar kein Ende nimmt. Hätte ich das eher gewusst, wäre ich an ihr vorbeigelaufen.

„Sind wir jetzt wieder im Jahr 2020?", fragt Sabine amüsiert und kratzt sich die Schläfe.

„Ja, sorry."

„Und wer hätte hier in Wahrheit an wem vorbeilaufen müssen?"

„Du an mir."

„Und warum?"

„Weil wir gesessen haben."

„Richtig."

„Hör auf zu grinsen."

„Ich denk nicht dran."

„Dann halt nicht."

„Und warum grinst du jetzt?"

„Tu ich nicht."

„Doch."

„Nee."

„Wollen wir weitermachen?"

„Gute Idee."

Wie es sich für gut erzogene Teenager gehört, sind Karina und ich zum Campingplatz gefahren, um ihre Eltern zu besuchen und uns zwischendurch mal zu zeigen. Wir haben nicht vergessen, wie großzügig es von unseren Eltern ist, uns diese Reise zu erlauben. Deshalb können wir verstehen, dass sie ein lockeres Auge auf uns werfen wollen. Auch wenn dieses Auge vor Lockerheit schon abfällt, weil sie auf diese Weise gar nicht überprüfen können, ob wir uns altersgerecht verhalten. Aber egal, sie vertrauen uns und wir haben nicht vor, dieses Vertrauen zu missbrauchen.

Karina nutzt die Gelegenheit und schwingt sich auf das Surfbrett ihrer Eltern. Ich beobachte sie, wie sie sich vom Wind übers Wasser treiben lässt und finde, dass sie eine äußerst gute Figur dabei macht. Sieht schon cool aus, wie sie in einem Affentempo über den See saust. Als sie zurückkommt, kann ich meinen Übereifer kaum bremsen.

„Das sieht ja leicht aus", rutscht mir diese überhebliche Bemerkung raus. „Kann ich auch mal?"

„Klar, komm her! Ich erkläre dir alles."

Was gibt's da zu erklären? Rauf aufs Brett, Segel aus dem Wasser ziehen und geschmeidig vom Wind wegtragen lassen. Krieg ich hin!

Ich krabble ungeschickt aufs Brett und hoffe, dabei nicht wie ein zu klein geratener Sumoringer auszusehen, der sich in der Sportart vertan hat. Aber ich bilde mir ein, das einigermaßen gut hinbekommen zu haben. Als ich mich aufrichte, wackle ich wie ein Zitteraal. Ich gehe in die Hocke, um mir die Leine zu greifen, doch ich verliere das Gleichgewicht und falle rückwärts ins Wasser. Jeder andere wäre nach vorne gefallen. Keine Ahnung, was mich nach hinten gezogen hat – jedenfalls will ich das nicht näher erläutern. Das muss ich schließlich nicht „groß" raus-„po"-saunen.

Beim zweiten Versuch klettere ich gleich mit der Strippe in der Hand aufs Brett. Ich finde mich sehr clever, dass ich auf diese

65

Bombenidee gekommen bin. Als ich stehe, staune ich, dass ich stehe, und werde direkt von der Schwerkraft ins Wasser gezogen. Die Leine lasse ich los, die hat mir auch nichts gebracht. Aber ich wäre nicht Claudi, wenn ich schon aufgeben würde. Ein Versuch reiht sich an den nächsten und irgendwann stehe ich wie Meister Proper auf einem fliegenden Teppich und habe das Untier unter meinen Füßen gebändigt. Das Segel halte ich schlotternd fest, denn als ich Fahrt aufnehme, wackeln mir die Knie. Ich höre, wie sich meine Stimme überschlägt und mit jedem Meter lauter wird:

„Ooooooooo**oooooooh** …!"

Bevor mich der Wind auf die Mitte des Sees treibt und ich nicht mehr zurückkomme, lasse ich das Segel los, als stände es unter Strom und plumpse heftig klatschend ins Wasser. Die Fontäne, die ich dabei verursache, reicht bis zur ISS. Wahrscheinlich funken die gerade einen Notruf an die Bodenstation. Ist mir egal. Sollte tatsächlich jemand meinen graziösen Fall beobachtet haben, bekommt er den Anblick umsonst. Ich jedoch habe mein Leben gerettet, und nur darauf kommt es an.

Dass ich bei meiner Freundin die Klappe zu weit aufgerissen habe, lässt sie mich sogleich spüren, als ich an Land paddle.

„Na, ist wohl doch nicht so leicht", lacht sie und hilft mir, das Surfbrett aus dem Wasser zu ziehen.

Nein in der Tat. Vor allem nicht für einen blutigen Anfänger wie mich mit körperlichen Defiziten.

4

Eines Tages ist die schöne Zeit vorbei. Ich habe meinen Realschulabschluss gemacht und kann mit einem prima Notendurchschnitt von 2,3 glänzen. Zwar bin ich stolz auf mein gutes Zeugnis, aber jetzt beginnt ein neuer Abschnitt in meinem Leben. Von nun an muss ich lernen, auf eigenen Beinen zu stehen. Dabei war mein Alltag doch gerade so wunderbar eingespielt: tolle Klassenkameraden, nette Lehrer. Alle waren bereit, mich und mein Übergewicht zu akzeptieren. Wer weiß, was mich im Berufsleben erwartet. Da fange ich wieder von vorne an, mich zu beweisen, den Menschen klarzumachen, dass ich trotz einer Konfektionsgröße von „Oha!" was leisten kann und dazu noch ein recht verträglicher Zeitgenosse bin. Doch womöglich erhalte ich nicht mal die Gelegenheit auf ein Vorsprechen, weil meine Bewerbung aufgrund meiner überhandnehmenden Ausmaße direkt im Mülleimer landet. Oder aber sie vernageln vor Schreck alle Fenster und Türen, wenn ich mich dem Firmengelände nähere. Ich möchte gar nicht darüber nachdenken, welche möglichen Szenarien noch denkbar wären, die mich daran zweifeln lassen könnten, ein gleichwertiges Mitglied der Gesellschaft zu sein. Zwar rede ich mir immerzu ein, über den Dingen zu stehen, allerdings bin ich auch kein Gefühlslegastheniker. Die eine oder andere Bemerkung zu meinem Gewicht geht mir eben doch nah, auch wenn ich gelernt habe, solche Verletzungen zügig abzustreifen. Aber kleine Narben können durchaus mal zurückbleiben und ich möchte nicht, dass sich ihre Anzahl erhöht.

Ich schicke allerhand Bewerbungen auf die Reise, von denen kaum welche beantwortet werden. Oftmals erhalte ich sie ohne weitere Begründung zurück und es tritt ein, was ich schon befürchtet habe: Ich mache mein Gewicht dafür verantwortlich, obwohl ich es nicht genau weiß.

Doch meine Noten sind gut, woran könnte es also sonst liegen, dass meine Bewerbung bereits das Auswahlverfahren nicht übersteht?

Aber auch ein dickes Huhn findet mal ein Korn. Ich erhalte die Chance, in Berlin Marienfelde in einem Friseurgeschäft anzufangen. Meine neue Chefin hat kein Problem damit, dass ich doppelt so breit bin wie sie. Sie erkennt schnell, wie unkompliziert ich bin, und dass ich meine Aufgabe in diesem Job sehr ernst nehme. Ich bin verlässlich und ordentlich. Das Haareschneiden macht mir Spaß. Es dauert nicht lange, bis ich den Dreh raushabe und die Schere so geschickt schwinge wie ein kleiner Profi. Als ich dann das erste Mal auf einem echten Kopf herumschnipple, zittern mir die Finger noch ein wenig. Aber der zufriedene Blick meiner Kundin schenkt mir Selbstvertrauen und schon bald bin ich eine unverzichtbare Mitarbeiterin für meine Chefin, die mir inzwischen den Spitznamen „Elfe" verpasst hat. Denn trotz meines Übergewichts schwebe ich elfenzart durch den Laden. Ich weiß mich halt trotz meiner ausladenden Fülle unauffällig zu geben und nicht wie eine Abrissbirne durch den Laden zu donnern und dabei alles im Weg Stehende mitzureißen.

In der Friseurschule treffe ich einen alten Bekannten wieder: Udo, meinen Ex-Freund, der sich ohne eine Verabschiedung aus meinem Leben schlich, der sich mir nichts, dir nichts in Luft aufgelöst und mich mit meinen Fragen zurückgelassen hat. Damals habe ich den Allerheiligsten darum gebeten, ein zufälliges Wiedersehen mit Udo zu arrangieren, damit er gezwungen ist, mir eine plausible Erklärung für sein plötzliches Verschwinden zu liefern. Und wie das so ist, wenn man mit dem Kerl da oben redet, habe ich natürlich keine Antwort erhalten.

Und nun muss ich Jahre später feststellen, dass meine Bitte doch erhört wurde, sich der weißbärtige Typ bloß nicht hetzen ließ und die Sache in seinem eigenen Tempo regelte.

Ich kann es kaum glauben und spreche Udo in der Pause an.

„Na, kannst du dich noch an mich erinnern?", teste ich aus, wie funktionstüchtig seine Hirnmasse ist.

„Klar, Claudi, wie könnte ich dich vergessen", scheint sein Erinnerungsvermögen tadellos zu sein.

Also rede ich gar nicht lange drum herum und komme direkt auf den Punkt.

„Du warst damals einfach verschwunden", frische ich seine grauen Zellen auf. „Warum hast du dich nicht mehr gemeldet?"

Udo nickt und ist sich anscheinend im Klaren darüber, dass da einiges unrund lief.

„Meine Mutter verstarb unerwartet und ich kam in ein Heim", erklärt er mir betrübt.

Ich bin betroffen und selbstverständlich voller Mitgefühl. Doch im Verlauf unseres weiteren Gespräches spüre ich, dass da noch mehr ist, und mit jedem Wort, das er spricht, wird deutlicher: Udo ist schwul. Der Klang seiner Stimme, die Art zu kommunizieren, jede einzelne seiner Gesten weisen unmissverständlich darauf hin. Deshalb vermute ich, dass sich Udo schon damals zum männlichen Geschlecht hingezogen fühlte. Endlich ist es mir vergönnt zu erfahren, dass nicht mein Übergewicht zwischen uns stand, sondern mein lieber Ex-Freund noch dabei war, sich selbst zu finden. Wenigstens weiß er heute, auf welcher Seite des Ufers er sich befindet. Das freut mich für ihn. Und ich bin dankbar, nach dieser langen Zeit zu erfahren, warum wir uns so unvermittelt aus den Augen verloren haben.

Meine Lehrjahre vergehen wie im Flug und meine Entscheidung, den Friseurberuf zu erlernen, war goldrichtig. Meine Aufgabe erfüllt mich, hierbei kann ich meiner Kreativität Raum geben und mich ausprobieren. Viele Kunden lassen sich nur noch von mir die Haare schneiden, weil sie mein Können überzeugt hat und sie einen Plausch mit mir genießen. Meine überschüssigen Pfündchen sind nie ein Thema, obwohl sich meine Fettzellen wohl mittlerweile zu teilen beginnen,

denn ihre Anzahl wächst zu meinem Leid-
wesen weiter an.

Claudia mit 20 Jahren

Nach meiner Lehre wechsle ich zu einem
Friseursalon, dessen Geschäftsführer zwei
Herren vom anderen Ufer sind. Ich habe kein
Problem mit ihrer Homosexualität. Doch es
dauert nicht lange und Tim, einer meiner
beiden Chefs, stört sich an meinem Übergewicht. Ich bin überrascht, denn ich hätte
vermutet, dass jemand, der selbst zu einer

diskriminierten Minderheit gehört, mehr Verständnis aufbringt. Leute wie wir sollten eigentlich zusammenhalten und gemeinsam anderen klarmachen, dass jeder Mensch das Recht hat, diesen wunderschönen Planeten zu bewohnen, egal, ob er übergewichtig, schwul oder krank ist. Weder die Hautfarbe, der Geldbeutel noch der IQ sollten eine Rolle spielen, welche Anerkennung uns in der Gesellschaft zuteilwird. Aber meine Vorstellung von einem respektvollen Miteinander aller ist wahrscheinlich zu idealistisch. Wenn sogar eine „Rand"-gruppe auf die andere einprügelt, ist wohl kaum zu erwarten, dass wir jemals einen Weg finden, jeden zu achten, der anders ist als wir selbst.

Wenn es Tim zu bunt mit mir treibt und mich seine spitzen Bemerkungen ins Mark treffen, biete ich ihm Paroli und „schlage" im wörtlichen Sinne zurück. Allerdings wahre ich stets die Form und würde ihn niemals aufgrund seiner sexuellen Orientierung bloßstellen. Er hingegen nimmt kein Blatt vor den Mund und stellt mich ohne Rücksicht auf Verluste bloß. Selbst vor den Kunden macht er nicht halt und behauptet ungeniert, dass ich nicht so fett gewesen wäre, als er mich eingestellt hat. Zum Glück bekomme ich nicht jedes Naserümpfen mit, das Tim mit seiner Lästerei beim Kunden verursacht. Doch es gibt Tage, da würde ich meinem Zweitchef am liebsten die Gurgel umdrehen.

Vielleicht ist seine gelegentliche Respektlosigkeit mir gegenüber auch meinem großen Selbstvertrauen geschuldet, mit dem er offenkundig nicht klarkommt. Ich bin nicht schüchtern und stelle mich mutig jeder Konfrontation. Wenn mich jemand angreift, ziehe ich mich nicht zurück, sondern halte dagegen, sobald ich mich ungerecht behandelt fühle. Ein Leben lang dick zu sein, bedeutet auch lebenslange Übung in verbaler Verteidigung. Tim ist meiner Art der Kriegsführung nicht gewachsen und nach jeder seiner Sticheleien, gegen die ich mich erfolgreich wehren muss, folgt eine noch gemeinere, um klarzustellen, dass *er* der Boss ist!

Auf die Spitze treibt er es, als er meinen Freund Thomas fragt, mit dem ich seit Kurzem zusammen bin, warum er sich so eine fette Frau genommen hätte, schließlich sei er doch selbst schlank. Thomas ist geschockt und gibt ihm zu verstehen, dass er sich gefälligst um seinen eigenen Kram kümmern solle. Und dazu gehöre bestimmt nicht, sich um persönliche Belange der Mitarbeiter zu scheren. Ich bin stolz auf meinen Schatz, der mich in Schutz genommen und Tim verärgert in seine Schranken gewiesen hat.

Drei Jahre halten es mein Zweitchef und ich zusammen aus, bis ich eines Tages die Kündigung in die Hand gedrückt bekomme. Mich trifft der Rausschmiss wie ein Schlag in die Magengrube. Trotz aller Widrigkeiten hätte ich nicht das Handtuch geworfen – jedenfalls noch nicht! Aber womöglich ist es besser so, dass mir diese Entscheidung abgenommen wird, ich vor vollendete Tatsachen gestellt werde. Wer weiß, wie viele Blessuren ich mir freiwillig noch hätte zufügen lassen, bevor ich selbst die Reißleine gezogen hätte. Ich bin zwar jemand, der sich durchboxt, aber erkenne wohl nicht rechtzeitig genug, wann das Maß voll ist.

Jetzt geht die Bewerberei wieder los und ebenso meine Befürchtungen, dass mein Übergewicht zu einem Problem werden könnte. Seit meinem letzten Job bin ich gewarnt und habe eine Menge Fell verloren. Dabei wären mir Pfunde lieber gewesen. Aber jegliche Diät, die ich versuche, verschlimmert alles bloß, lässt nach kurzer Zeit neues Fett wachsen, das zuvor noch gar nicht da war. Es ist ein Teufelskreis, aus dem ich nicht mehr rauskomme, und nun bete ich, dass die Jobsuche sich nicht ebenfalls zu einer Never-Ending-Story entwickelt.

Ich bewerbe mich in einem Laden in der Rubensstraße und scherze mit Freunden, dass dieser Name doch gut zu mir passen würde, folglich man dort schlicht nicht anders könne, als mich einzustellen. Nach einem Probearbeiten ist die Chefin mit meiner Leistung zufrieden, findet sogar, dass ich ausgesprochen gute Arbeit mache. Trotzdem will sie mich nicht einstellen, ihre liebenswerte Tochter hat etwas dagegen. Sie möchte nicht mit mir zusammenarbeiten müssen, denn sie fühlt sich eingeengt, wenn ich mich neben ihr befinde. Diese Aussage haut mich um. Dass ich Menschen einenge, nur weil ich neben ihnen stehe, ist mir neu und ein völlig ungeahnter Aspekt. Nicht, dass ich zukünftig mehr Steuern zahlen muss als andere, weil ich mit meinem Volumen in diesem Land zu viel Platz verbrauche. Aber wer weiß! Da der Staat ständig auf der Suche nach neuen Möglichkeiten ist, uns mit weiteren Steuern und Abgaben zu belasten, wäre eine Umfang-Steuer nicht ausgeschlossen. Danach müsste sich jeder Bürger jährlich einer Taillenmessung unterziehen, deren Ergebnis daraufhin mit einem Fett-Faktor multipliziert wird, der wiederum die neue

Steuerlast ergibt. Ich befürchte, dass mein Leben unter solchen Umständen teuer werden würde. Aber so weit ist es ja noch nicht. Ich kann mich also getrost weiterbewerben und hoffen, keine Gehaltseinbußen aufgrund meiner Übergröße beklagen zu müssen.

Es verstreichen weitere Wochen, in denen ich mich erfolglos bewerbe. Verflixt und zugenäht, so kann das doch nicht weitergehen! Das Geld wird langsam knapp und ebenso mein Optimismus, dass alles gut wird. In der Regel bin ich ein stets positiv denkender Mensch. Doch die gehäuften schlechten Erfahrungen, die ich wegen meiner körperlichen Ausdehnung hinnehmen musste, sind nicht spurlos an mir vorbeigegangen. Leise Zweifel schleichen sich ein, jemals wieder in Lohn und Brot zu stehen, solange ich meine Körperschichten nicht scheibchenweise abtrage. Ich könnte zum Skalpell greifen und sie mir rundherum absäbeln. Diäten führen ja sowieso zu nix, bleibt also lediglich der blutige Weg.

Bevor jedoch meine Selbstzerstückelungsgedanken Form annehmen können, erhalte ich plötzlich die Zusage eines Friseurgeschäfts, bei dem ich mich beworben hatte. Wow, geht ja doch! Ich bin perplex, denn eigentlich war ich gerade dabei, zum Pessimisten zu mutieren und wollte mich so richtig schön hängenlassen. Jetzt muss ich wieder umdenken und auf Positiv zurückschalten. Das sollte mir allerdings nicht schwerfallen, da mein Naturell von Geburt an auf Sonnenschein programmiert ist.

Meine beiden neuen Chefinnen Bonny und Ilona sind toll! Dass ich dick bin, bereitet ihnen kein Kopfzerbrechen. Sie arbeiten gerne mit mir und ich mit ihnen. Schnell füge ich mich ins Team ein und bald habe ich den Kummer vergessen, den mir mein Ex-Chef und die letzte Jobsuche bereiteten.

Als Bonny schwanger wird und ihr Bauch anwächst, macht sie mir mit ihren Ausmaßen Konkurrenz. Hey, Moment mal! Das ist meine Domäne! Wer hat gesagt, dass ich meinen benötigten Platz mit anderen Dicken teilen möchte? Wir kichern viel, denn unsere Bäuche stoßen im Eifer des Gefechts schon mal zusammen. Schade nur, dass sich meiner nicht ebenfalls nach neun Monaten in Luft auflöst. Ich bin quasi dauerschwanger und mit jedem Jahr beamt sich ein weiterer Fötus in meine Bauchhöhle hinein.

Als Bonnys Kugel ihren Wachstumshöhepunkt erreicht und wir gemeinsam hinter dem Kassentresen zu tun haben, bleiben wir auf der engen Fläche stecken und hängen wie zwei verklebte Bonbons aneinander fest. Dass wir nun in schallendes Gelächter ausbrechen, macht die Sache nicht einfacher. Dadurch dehnen wir uns weiter aus und kommen aus dieser verzwickten Situation partout nicht mehr raus. Wenn wir heute noch was schaffen wollen, brauchen wir einen Plan. Zum Beispiel könnte sich die eine in die linke Richtung drehen, während die andere in die rechte kullert. Das probieren wir gleich aus und tatsächlich lösen wir uns voneinander. Puh, jetzt kann ich endlich wieder Luft holen. Das war ein Spaß!

Ab und zu erlauben sich ein paar Kunden dumme Bemerkungen über mein zugegeben inzwischen starkes Übergewicht. Ich bin ja selbst nicht glücklich darüber, aufzublähen wie ein sterbender Stern und dabei zum Roten Riesen anzuwachsen, der alle in seinem Umfeld befindlichen Planeten verschluckt. Falls ich am Ende explodieren sollte, kann ich ja mein Dasein als weißer Zwerg fristen.

Doch noch ist es nicht so weit und meine Ohren vernehmen sehr wohl, wie sich Frau Rosenfeld abfällig über mich äußert, als ich meine wohlverdiente Mittagspause antreten möchte, um meinen Hunger zu stillen.

„Muss die jetzt auch noch was essen?", fragt sie Ilona ungeniert, als sie ihre Dauerwelle bezahlen will.

Aber meine Chefin lässt diese dekadente Äußerung nicht unkommentiert und stellt sich schützend vor mich.

„Claudia ackert wie ein Pferd, also hat sie sich ihre Tischzeit mehr als verdient."

Frau Rosenfeld verstummt und behält weitere deplatzierte Kommentare für sich.

Doch der Giftpfeil sitzt. Bis ich mir den aus meinem Schutzpanzer herausgepopelt habe, um wieder unbeschwert zu sein, dauert es einige Zeit. Ich bin doch kein Punchingball, auf den man ungehemmt eindreschen kann. Was denken sich die Leute nur dabei, wenn sie Mitmenschen angreifen? Dass sie das Recht dazu haben, andere zu kritisieren, die nicht so leben wie sie selbst? Weil sie es geschafft haben, schlank zu bleiben, mangelt es ihnen an Toleranz, wenn es anderen nicht gelingt? Ich weiß durchaus, dass ich zu dick bin. Da brauche ich keinen erhobenen Zeigefinger. Wenn mir klar wäre, wie ich es anstelle, zum Klappergerüst zu werden, gäbe ich alles dafür!

Claudia mit 23 Jahren

Einige Jahre später muss Ilona das Geschäft verkaufen. Ich bin untröstlich, immerhin war unser Verhältnis längst freundschaftlich und ich spüre, dass sie mir fehlen wird. Als langjährige Angestellte werde ich mitverkauft und bin froh, dass ich meinen Job behalten kann.

Mit der neuen Chefin läuft alles rund. Wir verstehen uns und mein Übergewicht ist vollkommen irrelevant. Sie vertraut mir und beinahe manage ich den Laden alleine, weil sie mich einfach machen lässt.

Seitdem ich berufstätig bin, gab es nicht einen Fehltag, denn ich werde niemals krank. Von einem Schnupfen lasse ich mich nicht abschrecken – der vergeht von allein. Und auch sonst strotzte ich in der Vergangenheit nur so vor Gesundheit, was meine Angst, aufgrund meiner Fettleibigkeit zu früh zu sterben, minimiert hat. Aber noch bin ich ja ein junger Hüpfer (der nicht hüpft, sondern rollt) und nicht völlig verbraucht. Nun habe ich die Dreißig jedoch erreicht und die Möglichkeit eines frühzeitigen Verfalls ist nicht ausgeschlossen. Ab jetzt könnte es rapide bergab gehen, denn die magische Grenze überschreite ich mit jedem Jahr, das von nun an vergeht, doppelt so schnell wie ein schlanker Mensch. Dessen bin ich mir sicher. Meine Furcht vor einem frühen Tod treibt mich an, so zu denken. Und damit nicht genug: Ich werde zum ersten Mal ernsthaft krank. Meine Gallenblase macht Probleme und muss entfernt werden. Na bitte, hab ich's nicht gesagt? Ab jetzt kratze ich in kleinen Dosen ab.

Im Krankenhaus bringt man mich in einem Vierbettzimmer unter. Das kann ja heiter werden! Da hat man sicher niemals seine Ruhe.

Nach der OP werde ich von einer jungen, aufstrebenden Ärztin bequatscht, meine Ernährung umzustellen. Ein bisschen hiervon und weniger davon. Das würde aus mir einen neuen Menschen machen und meine nicht mehr vorhandene Galle schonen. Ich versuche, ihr zu erklären, dass eine Grüne-Blätter-Diät bei mir vergebens sei und sämtliche Abnehmversuche mit weiterem Übergewicht quittiert werden. Außerdem würde ich meinen Körper ja wohl besser kennen als sie und seit meiner Kindheit zur Fettleibigkeit neigen. Als schlankes Busenwunder ist sie jedoch davon überzeugt, dass alles ganz einfach sei und mich Hasenfutter in eine Seenadel verwandelt. Als sie auch noch andeutet, meine Üppigkeit könne mit einer gestörten Psyche in Zusammenhang stehen, ich aber nicht traurig sein solle, da ich ja wenigstens ein hübsches Gesicht hätte, rolle ich mit den Augen und klappe meine Gehörgänge zu.

Hallo, ich brauche Hilfe! Kann mal jemand diese rotschopfige Besserwisserin aus meinem Bettradius entfernen? Die sabbelt mir noch ein Salatblatt ans Ohr!

Ach, da ist ja auch schon Oberarzt Dr. Huber – meine Rettung. Warum hast du dir damit so lange Zeit gelassen? Ich bin hochgradig genervt! Das tut mir nicht gut unmittelbar nach der Operation. Ohne Galle geht das Aufregen so schlecht. Ich kann mir stattdessen ja kaum die Leber überlaufen lassen. Die ist als reiner Fleischklumpen ungeeignet fürs Wutkochen.

Dr. Huber lacht. Was gibt's da zu lachen? Entferne lieber diese nervtötende Bakterie aus meinem Umfeld, sonst funke ich SOS an Captain Kirk und lasse mich zu Pille auf die Krankenstation beamen. Da habe ich wenigstens meinen Frieden.

Als hätte Dr. Huber meine Gedanken gelesen (vielleicht liegt's auch an meinen entglittenen Gesichtszügen) macht er ihr amüsiert deutlich, dass es vergebene Liebesmühe sei, mich noch weiter zuzutexten.

„Frau Mey hat ihren eigenen Kopf, Frau Dr. Grünwald. Das habe ich ihnen doch gleich gesagt", fügt er grinsend an.

Genau! Und jetzt verkrümle dich!

Sie nickt und bemüht sich um ein Lächeln. Dabei ist ihr genau anzusehen, dass ihr die Sache unangenehm ist. Sie hat Frau

Mey, also mich, entgegen seines Rates zur Weißglut getrieben. Hör das nächste Mal auf deinen Chef, dann klappt's auch mit dem Patienten!

Claudia mit 28 Jahren

5

Ich kann's ja selbst kaum glauben, aber mittlerweile gehe ich mit großen Schritten auf die Vierzig zu. Mit 35 Jahren fühle ich mich an manchen Tagen zwar schon wie achtzig, aber wenn ich in den Spiegel schaue und mein durchaus noch junges Gesicht sehe, erinnere ich mich an mein Geburtsjahr. Sehe ich tiefer, erblicke ich das wahre Grauen: meinen unförmigen Körper, der es sich zur Gewohnheit gemacht hat, gegen meinen erklärten Willen anzuwachsen. Doch nicht nach oben, da hätte ich nichts gegen einzuwenden. Bei 1,66 m Körperhöhe war bei mir Schluss, dabei hätten mir ein paar Zentimeterchen mehr gut gestanden. Womöglich wäre meine Taille heute zu sehen gewesen, die unter meinen Hautlappen ein bescheidenes Dasein fristet. Wenn wir uns mal „Guten Tag" sagen wollen, muss ich mich ganz schön verrenken.

Nein, mein Körper hat sich entschieden, in die Breite zu wachsen, und mit jedem Lebensjahr umkreist mich ein weiterer Baumring. Sollte ich mein Alter jemals vergessen, muss ich sie bloß zählen.

Unerwartet stirbt mein Vater, der mir stets versprach, er würde mal so alt werden wie Johannes Heesters.

Ich bin geschockt und verstehe das alles nicht. Es gab keinen Grund für seinen frühen Tod. Er war jung, gesund und vor allem sein Leben lang schlank. Wäre ich vor ihm dran gewesen, hätte ich es mir wenigstens erklären können: Ich bin dick, ich rauche und ernähre mich völlig falsch.

Doch mein Vater hat alles richtig gemacht, war vielleicht kein Leistungssportler, aber beweglich, ernährte sich gut und war topfit. Wie kann es sein, dass seine Zeit mit 63 Jahren schon vorbei ist?

Gerade erst war er braun gebrannt aus dem Urlaub zurückgekommen und sah klasse aus, als wir uns am zweiten Weihnachtsfeiertag zum letzten Mal trafen. Hätte ich zu diesem Zeitpunkt gewusst, dass ich ihn danach nie wiedersehen werde, ich hätte ihn zum Abschied länger umarmt oder ihm einmal mehr gesagt, wie lieb ich ihn habe.

Am späten Neujahrsabend berichteten meine Brüder Olaf und Uwe vom Tod unseres Vaters, der seit vielen Jahren getrennt von unserer Mutter lebte. Aber diese Nachricht war für uns alle ein Schock. Kein Auge blieb trocken.

Ich telefonierte doch am selben Tag gegen ein Uhr morgens noch mit ihm, um ihm ein frohes, neues Jahr zu wünschen. Seine leise Stimme war mir sofort aufgefallen, als würde er mit mir aus einem weit entfernten Land sprechen. Offenbar war sein Herz zu diesem Zeitpunkt bereits angeschlagen und am frühen Abend hörte es einfach auf zu schlagen.

Claudia und ihr Vater 2006

Die Beerdigung ist jetzt eine Woche her und ich kann das gelegentliche Weinen nicht verhindern. Es braucht seine Zeit, bis ich den Tod meines Vaters überwunden habe. Da will ich nicht zu viel von mir verlangen.

Trotz allem oder vielleicht gerade deswegen fokussiere ich meinen Blick auf meine Wünsche und Träume. Seit Jahren schon spiele ich mit dem Gedanken, mich selbstständig zu machen. Ich möchte auf eigenen Beinen stehen und mein eigener Herr sein. Sagt man das so? Mein eigener Herr? Mir fällt ja jetzt erst auf, wie dämlich das klingt. Nein, ich will weder meinen Mann stehen noch mein eigener Herr sein. Gibt's denn keine weibliche Form dieser Redewendung? Da wird man ein Leben lang wegen seines Übergewichts diskriminiert und muss feststellen, dass man als Frau in der deutschen Sprache nichts verloren hat. Kein Wunder, dass die Mädels dem Mann im Job weiterhin nicht vollständig gleichgestellt sind, wenn sie nicht mal „ihre Frau stehen" oder „ihre eigene Dame" sein dürfen.

Ich schweife ab.

Diesen großen Schritt der Selbstständigkeit plane ich mit einer befreundeten Arbeitskollegin. Somit verteilen wir die finanzielle Last auf zwei Schulterpaare.

Da mein Vorname mit dem Buchstaben „C" beginnt und ihrer mit „M", ist der Name unseres kleinen Imperiums geboren: Salon C&M.

Friseursalon C&M

Ist denn das zu glauben? Ich bin eine kleine, breite Unternehmerin mit der Hoffnung, das bekannteste Friseurgeschäft ganz Berlins zu werden. Oder wenigstens des gesamten Stadtbezirks. Na gut, die Brötchen müssen ja nicht gleich so groß gebacken werden. Fangen wir doch erst mal mit einem Teilabschnitt der Berliner Straße an und erweitern das Gebiet in kleinen Schritten proportional gesehen zu meinen Baumringen.

Am Tag der Geschäftseröffnung werde ich erneut daran erinnert, dass mein Dicksein in der Zukunft zu größeren Problemen führen kann, solche wie: früher sterben.

Ich bekomme eine Thrombose. Doch statt ehrlich zu mir selbst zu sein und mir einzugestehen, dass meine Fettleibigkeit die Ursache dieser Gruseligkeit ist, schiebe ich die Gefäßverstopfung auf den Umstand, als Friseurin zu viel stehen zu müssen. Da haben wir also den Übeltäter: meinen Beruf.

Im Krankenhaus will man mich jedoch aufklären, wird mir wieder einmal nahegelegt, meine Ernährung umzustellen. Hallo? Habt ihr mir denn nicht zugehört? Ich bin eine Friseurin! In dieser Berufssparte kommen Thrombosen regelmäßig vor, das solltet ihr wissen! Schließlich seid ihr geschulte Fachheinis!

Als mir auch noch mein geliebter Hausarzt Dr. Berne rät, etwas abzuspecken, tobe ich innerlich. Vor allem, weil er gar nicht mehr aufhört, auf mich einzureden. Ich muss gestehen, er gibt sich zweifellos Mühe, mich davon zu überzeugen, bewusster zu leben.

Mit Engelszungen erläutert er mir, was mein grob fahrlässiges Übergewicht mit mir anstellen kann. Ich hab das schon begriffen – bin ja nicht völlig vertrottelt. Trotzdem liegt der Fall hier anders: die Thrombose ist nicht menschengemacht (also mitnichten meine Schuld), sondern dem Friseurberuf geschuldet. Basta!

Dr. Berne wirft irgendwann das Handtuch. Gegen meinen Dickkopf ist halt kein Kraut gewachsen. Er verschreibt mir Thrombosestrümpfe und Marcumar. Na bitte, warum nicht gleich so.

Zwar arbeite ich wirklich gern, vor allem, seitdem ich „meine eigene Dame" bin, aber das viele Stehen bereitet mir zunehmend Probleme. Manchmal möchte ich meinen Oberkörper am liebsten abschrauben und in die Ecke stellen. Meine Beine können ja auch ohne mich weitermachen, solange der Kopf ihnen sagt, wo's lang geht.

Leider wäre es damit nicht getan, denn schon bald kündigt sich die nächste gesundheitliche Einschränkung an: Ich bekomme eine waschechte Allergie. Plötzlich schwillt mir die Zunge an, wenn ich mit der Dauerwellenflüssigkeit oder Färbemittel in Berührung komme. Und obwohl ich mir Handschuhe beim Auftragen der Mittel überziehe, reicht es schon, wenn die Dämpfe in die Nase kriechen und sich dort über die Schleimhäute legen. Na großartig! So habe ich mir das mit der Selbstständigkeit nicht vorgestellt. Ab jetzt sollte mein Berufsleben der Kracher sein und nicht nach kurzer Zeit zum Desaster werden.

Als meine Geschäftspartnerin nach drei Jahren hinschmeißt und ich vor der Frage stehe, wie es weitergeht, entscheide ich mich fürs Weitermachen.

Mit Allergietabletten halte ich meine neue Unverträglichkeit in Schach und stelle nach einiger Zeit fest, dass ich auf eine Substanz reagiere, die mit Kokos verwandt ist, das ich natürlich auch nicht mehr essen kann. Und obwohl dieser unnötige Zusatz in allerhand Haarmitteln verwendet wird, gelingt es mir, sämtliche Produkte im Laden gegen für mich unschädliche auszuwechseln. Endlich kann meine Zunge wieder ihre Ruhe finden, die nach dem häufigen Anschwellen zu einer Kraterlandschaft geworden ist. Sie wird wohl nie mehr das samtige, zarte Schlabberchen von früher sein. Doch damit kann ich leben, solange ich nur meinen Beruf weiter ausüben kann.

Manche Parfüme meiner Kunden beginnen nun ebenfalls, meine Schleimhäute zu reizen. Selbst lege ich schon länger keine Düfte mehr auf, weil sie meine Allergie anheizen. So lerne ich Stück für Stück mit meiner Einschränkung umzugehen. Aber es gibt wahrlich Schlimmeres.

Statt mich mit Bewegung fit zu halten, fahre ich die eine Station mit der U-Bahn zur Arbeit. Mein Bauch ist mittlerweile so groß, dass er vorne auf den Knien angekommen ist. Beim Haarewaschen störe ich mich am Waschbecken. Dieses verfluchte Ding drückt mir so fest ins Bauchfleisch, dass ich die Köpfe der Kunden am liebsten mit dem Gartenschlauch abspritzen möchte. Aber ich beiße die Zähne zusammen und ertrage den Schmerz wie eine Heldin. Ich bin Lara Croft! Jedenfalls das dicke Pendant.

Dennoch will mein Leben nicht einfacher werden. (Ich muss an dieser Stelle einfügen, dass ich inzwischen verheiratet bin, und zwar mit Thomas, jenem Freund, der mich damals vor meinem Ekelchef in Schutz genommen hat. Zu unserer gemeinsamen Geschichte werde ich mich jedoch ein wenig bedeckt halten. Im Laufe des Buches erläutere ich, warum.) Thomas, mein Ehemann, verändert sich. Erst wird mir seine Wesensveränderung nicht gleich bewusst. Wir haben alle mal schlechte und dann wieder bessere Phasen. Irgendwann kann ich nicht mehr leugnen, dass etwas mit ihm nicht stimmt. Dinge, die er tut oder sagt, werden zunehmend unlogischer. Bei aller Fantasie, die mir durchaus gegeben ist, kann ich seinen unsinnigen Äußerungen letztlich nicht mehr folgen. Sein seltsames Verhalten, das mitunter aggressiv und unberechenbar sein kann, beginnt mir Angst zu machen. Deshalb lassen wir das ärztlich abklären. Doch die Diagnose ist keine Erleichterung, sondern ein Schock. Thomas leidet an paranoider Schizophrenie: unheilbar und ohne Hoffnung auf Besserung.

Ein normales Leben ist von nun an nicht mehr möglich. Wenn ich mit ihm nicht auf Ämtern vorsprechen muss, um seine Krankheit zu erklären, begleite ich ihn zu Ärzten oder in eine Klinik. Alles dreht sich nur noch um ihn: Anträge stellen – ob beim Arbeitsamt, der Renten- oder Pflegekasse –, Gutachtertermine, Arzttermine, den gesamten Haushalt schmeißen, auf meinen Mann beruhigend einwirken, wenn er mal wieder Kleinholz aus unseren Möbeln macht, und nebenbei noch der Job. Bald stehe ich vollkommen neben mir und um mir das Leben bunter zu gestalten, beginne ich, mehr zu essen. Nachts kann ich vor Kummer nicht schlafen und wandle grübelnd durch die Wohnung. Oft genug endet mein Spaziergang vorm Kühlschrank. Wie im Wahn greife ich nach den Lebensmitteln, die ich mir reinziehe wie einen Joint. Ich brauche etwas, das mir Trost schenkt, denn ich habe meinen Ehemann verloren.

Alle gut gemeinten Worte der Familie oder von Freunden können mir nicht helfen. Hier müssen größere Geschütze aufgefahren werden, und das ist von jeher das Essen – die einzige Konstante in meinem Leben.

Meinem Umfeld bleibt nicht verborgen, wie schlecht es mir geht, dass meine Körperfülle dramatisch zulegt. Wenn nicht ein Wunder geschieht, zerplatze ich wie ein Ballon und verteile meine Organe in alle Windrichtungen.

Manchmal muss ich mich von fremden Leuten auf der Straße beschimpfen lassen, in deren Augen ich zu dick bin. Erst gestern rief mir jemand zu:

„An Ihnen kommt man ja nicht mal vorbei, so fett sind Sie!"

Ich war perplex über diese Unverfrorenheit und setzte sofort zum Gegenschlag an.

„Dann laufen Sie doch auf der anderen
Straßenseite. Da haben Sie Platz!"

Was bildete der sich ein? Glaubte er, das
Recht zu haben, einen fremden Menschen zu
verletzen, nur weil er selbst schlank war?
Wenn es mir also gelingt, reich zu werden,
darf ich weniger betuchte Mitbürger schlecht
behandeln? Läuft das wahrhaftig so? Ich
denke nicht, dass es irgendwem zusteht,
über die Verfehlungen oder das Scheitern
eines anderen zu urteilen. Wir sind alle nicht
unfehlbar und wurden von der Schöpfung
mit Schwächen bedacht. Und ist nicht jeder
Einzelne dankbar dafür, wenn man trotz dieser Schwächen geliebt und anerkannt wird?
Ich weiß jedenfalls zu schätzen, von meiner
Familie und meinen Freunden genommen zu
werden, wie ich bin. Zum Glück bestehe ich
nicht nur aus Körper, sondern habe eine Seele, die gemocht wird. Wenn man sich natürlich nicht die Mühe macht, mich kennenzulernen, bleibt lediglich ein Eindruck zurück:
Da ist eine dicke Person.

Leider haben mich die Schicksalsschläge
fest im Griff. Wenige Jahre, nachdem ich
mich mit meinem Friseurgeschäft selbststän-

dig gemacht habe, erleidet mein Bruder Uwe mit erst 47 Jahren einen Herzinfarkt und mehrere Schlaganfälle. Er liegt im Krankenhaus im Koma und man hat ihn an lebensverlängernde Maschinen angeschlossen. Mir ist nicht klar, was sich die Ärzte davon versprechen. Er hat einen schweren Hirnschaden und nichts in der Welt kann meinen Bruder wieder aufwachen lassen. Er ist längst tot, aber man will ihn nicht gehen lassen. Tagelang weine ich mir die Augen aus, bis uns die Ärzte endlich fragen, ob wir damit einverstanden wären, die Lebensverlängerung einzustellen.

Natürlich sind wir das. Wir wünschen uns nur noch eines: dass er gehen darf und seinen Frieden auf der anderen Seite findet.

Er lässt eine Ehefrau und zwei Kinder zurück, die nun ohne Vater aufwachsen müssen – und seine Familie … mich, seine Schwester, die ihn für immer lieb haben wird.

Mein Bruder litt unter einer Erbkrankheit, die maßgeblich mitverantwortlich für seinen frühen Tod ist und auch mich eher aus dem Leben reißen könnte. Dieser Gendefekt ist eine Mitgift meines Vaters. Alle seine drei Kinder, auch mein anderer Bruder Olaf leiden an einer Überproduktion eines bestimmten Blutfettes: Lipoprotein a genannt, das in der Leber gebildet wird und Schlaganfälle, Herzinfarkte sowie Thrombosen verursachen kann, weil es sich in den Gefäßwänden ablagert. Also ist meine ständige Angst vor einem frühen Tod, mit der ich mein Leben lang zu kämpfen habe, durchaus berechtigt und hat sich noch multipliziert, seitdem ich von meiner genetischen Störung weiß.

6

Die Zeit vergeht, doch mein Dicksein nicht. Weitere Versuche, mich mit Diäten von der Überlast an Pfunden zu befreien, führen dazu, dass ich kurz darauf weiter zulege. Somit wiege ich inzwischen stolze 138 Kilogramm und habe mich seit meiner Kindheit beinahe verdreifacht. Welch ein trauriger Rekord!

Meine körperlichen Beschwerden beginnen, sich zu häufen. Mittlerweile leide ich an Bluthochdruck, Asthma, einer Fettleber und ich schwitze selbst im Winter wie eine Gießkanne. Nachts wache ich mit Herzklopfen und furchtbaren Ängsten auf, ich könnte bald sterben. Nichts verbessert sich – im Gegenteil, meine gesamte Situation spitzt sich immer weiter zu.

Auch mit meinem Ehemann wird das Leben zunehmend unerträglicher. Wir führen schon seit Jahren keine warmherzige Ehe mehr. Die Krankheit hat ihn voll im Griff und aus ihm einen völlig anderen Menschen gemacht, der aggressiv, unberechenbar und gefühlskalt geworden ist. Er isoliert sich und ist ohne meine Hilfe nicht mehr lebensfähig, verlässt kaum alleine das Haus.

Dankbarkeit habe ich nicht zu erwarten, denn er versteht nicht mehr, was um ihn herum geschieht. Er lebt in einer anderen Welt, in der ich keine Rolle mehr spiele. An schlechten Tagen beschimpft er mich, an guten werde ich nicht beachtet. Unsere Wohnung ist lediglich noch ein Loch mit Wänden und Decken, die Möbel wurden von ihm zerstört. Zum Glück wohnt meine Mutter im gleichen Haus, sodass ich Unterschlupf bei ihr finde. Mit ihm zusammen leben, ist nicht mehr möglich. Da wäre es noch entspannter, mit einem wilden Tier eingesperrt zu sein.

Ich habe mich inzwischen damit abgefunden, aber glücklich bin ich nicht. Alle schönen Erinnerungen, die ich mit Thomas hatte, wurden von ihm beziehungsweise der Krankheit zerstört.

Er ist mir gegenüber oftmals impulsiv und leicht erregbar, und dies ist auch der Grund, warum in diesem Buch nichts darüber steht, wie wir uns kennengelernt haben. Die schöne Zeit, die wir hatten, ist wie weggewischt. Es gelingt mir kaum, mich an die guten Zeiten zu erinnern, weil sein neues

Wesen absolut nichts mehr mit dem alten zu tun hat. Auch wenn die meisten seiner kränkenden Worte der Schizophrenie geschuldet sind, so ist es schwer für mich, mich nicht verletzt zu fühlen. Die Liebe ist lange zerbrochen, trotzdem kümmere ich mich weiter um ihn, denn er könnte niemals alleine leben und wäre ohne mich verloren.

Und als wäre diese Sache nicht schon schlimm genug, erleidet Thomas mehrere Schlaganfälle.

Als er im Krankenhaus liegt, fahre ich täglich hin, bringe ihm frische Sachen und führe Gespräche mit den Ärzten.

Eines Abends mache ich mich vollkommen ausgelaugt auf den Weg in die Klinik und hänge mir die prall gefüllte Reisetasche, in der ich Thomas' frische Kleidung untergebracht habe, um die Schulter. Ich möchte am liebsten nur müde ins Bett fallen, denn mittlerweile habe ich ein beträchtliches Schlafdefizit. Stattdessen laufe ich nun auf wackligen Beinen die Treppen zur U-Bahn hinunter und habe Mühe, nicht mein Gleichgewicht zu verlieren. Plötzlich fühlt es sich so an, als würde mir jemand die Beine fesseln. Oder hat mich ein Cowboy mit dem Lasso eingefangen? Ich wäre ja leicht zu verwechseln mit einem Schlachtrind. Kerzengerade falle ich nach vorne und purzle danach wie ein Hackbällchen die Stufen hinunter, bis ich unten angekommen bin. Meine Beine sind leicht nach oben gebogen und stehen ab wie die Holzstäbchen in einem Rollmops. Einen Augenblick überlege ich, ob sie gebrochen sind, bis mir einfällt, dass ich seit meiner Zeit im Turnverein nach wie vor sehr biegsam bin. Trotz meines erheblichen Übergewichts hat sich daran nichts geändert. Also bewege ich meine Beine und begutachte sie von oben bis unten. Sie scheinen nichts abbekommen zu haben. Deshalb entscheide ich, mich so schnell wie möglich aus meiner peinlich anmutenden Situation zu begeben und aufzustehen.

Doch meinen lautstarken Plumps haben auch andere mitbekommen und zwei charmante Herren eilen heldenhaft zu mir heran, um einem hilflosen Pummelchen hochzuhelfen. Wow, ich weiß gar nicht, welche Hand ich zuerst ergreifen soll. Sie fragen mich, ob alles okay mit mir sei. Na klar bin ich okay – bis auf meinen Stolz, der statt meiner Beine gebrochen ist. Wer rollt schon gerne vor den Augen aller wie ein kugelrunder Semmelknödel die Treppen runter?

Ich bedanke mich bei den zuvorkommenden netten Herren, die mich besorgt ansehen. Könnte auch sein, dass ihre Blicke eine andere Bedeutung haben und mir Folgendes mitteilen wollen: Bitte, bitte, liebe dicke Frau, nimm dringend ein paar Kilos ab, dann fällst du auch nicht mehr auf die Nase oder siehst zumindest eleganter dabei aus.

Ich werde darüber nachdenken, Ehrenwort! Aber wie ich nun feststelle, ist der Riemen der Tasche schuld an dieser Misere. Er ist gerissen und der armen dicken Frau beim Abstieg zwischen die Beine geraten. Das hätte auch einem Skelett passieren können, welches allerdings beim Aufprall in seine knochigen Einzelteile zersprungen wäre. Ich kann also dankbar sein, von einer schützenden Fettschicht umgeben zu sein. Somit geht das Leben unverletzt weiter und ich kann meinen Pflichten nachgehen und funktionieren.

Am späten Abend, als ich endlich zur Ruhe komme, spüre ich am ganzen Körper Schmerzen. Offensichtlich ist mein Sturz doch nicht so folgenlos verlaufen und ein möglicher Schock hatte meine Schmerzrezeptoren ausgeschaltet. Als ich nachsehe, finde ich etliche blaue Flecken am Körper.

Von dem Hämatom in meiner Seele gar nicht zu sprechen. Das schmerzt sogar am meisten. Vor allem, wenn ich an die Blicke der beiden Herren denke, die mich so mitleidig ansahen.

Also schön, sobald ich wieder Zeit für mich finde in diesem ganzen Chaos, gehe ich das Thema „Abnehmen" noch mal an.

Claudia mit 38 Jahren

Aber erst mal gehe ich essen mit einer Freundin in einem Lokal bei mir um die Ecke. Wir haben uns ein bisschen was zu erzählen und ich verspüre kräftigen Hunger.

Hier war ich noch nie und habe keine Ahnung, was mich erwartet. Als ich die Stühle beim Reinkommen erblicke, schwant mir Böses, aber ich bin ja durchaus willig, alles auszuprobieren. Die Rückenlehne meiner Sitzgelegenheit ist formschön im Halbkreis am Stuhl angebracht. Sieht prima aus, ist jedoch alles andere als praktisch. Ich quetsche meine Fleischmassen in das Holzgitter hinein und kann nicht wirklich behaupten, gemütlich zu sitzen. Eigentlich fühle ich mich wie eine Fleischwurst in Kunstdarm gepresst. Dass es links, rechts und rundherum zwickt und zwackt, versuche ich auszublenden. Letztlich bin ich hergekommen, um mir einen netten Abend zu machen, und behalte mein Klagelied für mich.

Das Essen lindert meine Schmerzen, denn meine Geschmacksnerven gewinnen jetzt die Oberhand. Somit vergesse ich für die Dauer des Genusses mein Leid. Doch kaum habe ich den letzten Bissen runtergeschluckt, kommt mir mein Folterstuhl in Erinnerung, was zur Folge hat, dass sich jede Druckstelle, die die Holzstreben bei mir verursachen, wie ein Brandeisen in meine Haut einfräst.

Ich bin froh, als wir aufbrechen und, juhu, ich wieder mal mit meinem Wonnegewicht im Mittelpunkt stehen darf. Denn als ich mein Popöchen aus seinem Gefängnis befreien möchte und mich erhebe, bleibt die Sitzfläche samt Stuhl an mir kleben. Da stehe ich nun – gebeugt wie ein Goldgräber – und rupfe an mir herum. Aber dieses Mistding hat sich fest an meine vier Buchstaben gepfropft und gibt mich nicht frei. Mit Hilfe des Ententanzes und einigen unnatürlichen Bewegungen gelingt es mir, aus der U-Haft zu entkommen. Sorry, aber die Vorstellung ist vorbei, Leute! Ihr könnt jetzt endlich weggucken und euch um euren eigenen Kram kümmern! Na klar tuscheln die um die Wette wie eine Horde Papageien. Sieh mal, wie witzig, die steckt mit ihrem überbreiten Hintern fest. Lustig!

Ja, sehr lustig! Wo ist der Ausgang? Schafft euch neue Stühle an, dann komme ich vielleicht wieder.

Dass mein formloses Gesäß eine Mitschuld trägt, lasse ich außer Acht.

7

Inzwischen habe ich mir eine Menge Gedanken über mein Leben gemacht – so viele, dass mir der Kopf raucht. Natürlich bin ich nach außen hin weiter ein fröhlicher Mensch – jedenfalls nehme ich das an. Denn ich habe an manchen Tagen schon zu hören bekommen, ich würde bedrückt und unglücklich wirken. Dabei gebe ich mir alle Mühe, kein Trauerkloß zu sein, aber die letzten Jahre haben Spuren bei mir hinterlassen. Meine Ehe besteht nur noch auf dem Papier und Thomas ist nach seinen Schlaganfällen noch wesensveränderter geworden. Lesen und schreiben kann er nicht mehr und falls man Gefühlskälte noch steigern kann, lebe ich in der Arktis. Wenn ich nicht arbeite, bin ich Pflegekraft, Psychologin, Raubtierbändigerin, Trostspenderin und Putzfrau. Ich bin am Limit und brauche etwas, das mir Mut macht, nicht den Halt zu verlieren. Als attraktive Frau, die geringfügig zu dick geraten ist, fühle ich mich lange nicht mehr. Eher wie eine monströse Maschine, die zu funktionieren hat und einfach nicht kaputt gehen darf. Meine täglichen Aufgaben fressen mich auf, weil sie zu viel von mir abverlangen, mir keinen Raum geben, mich um mich selbst zu kümmern.

Wo bin ich geblieben – dieses lebensfrohe, aufgeweckte Mädchen, das voller Hoffnung war und Zukunftspläne hatte? Ich sehne mich nach einer Pause vom Alltag, nach Wärme und Nähe.

Die naive Vorstellung, von einem Mann – dem richtigen – für immer geliebt zu werden, wich längst der Erkenntnis, dass Liebe unberechenbar ist – und das Leben ebenso.

Was bleibt also übrig von meinem alten Ich, das immer gut gelaunt und aktiv war, von einer schlanken Zukunft träumte und rund um die Uhr glücklich sein wollte? – Eine massiv übergewichtige Frau mit Sehnsüchten, die endlich wieder etwas erleben möchte und in deren Lachen seit Langem kein Strahlen mehr zu erkennen ist.

Aber ich habe ja noch mein Friseurgeschäft, das mich ablenkt und mich mit vielen liebenswerten Menschen zusammenbringt. Meine Arbeit ist mein Anker, sodass ich nicht versehentlich auf hoher See abdrifte.

Sechs Jahre Selbstständigkeit kann ich mittlerweile verbuchen – mit vielen Hochs und Tiefs. Ich bin stolz auf meine Leistung, den Laden alleine am Laufen zu halten. Meine Unabhängigkeit ist mir wichtig, darum tue ich alles dafür, dass es so bleibt. Ich plane, mein Jubiläum mit Freunden und Stammkunden zu feiern, und lade alle ein, die mir lieb und teuer sind. Der Laden platzt aus allen Nähten und die Stimmung ist heiter. Es wird gequatscht, gelacht und gut gegessen. Könnte das Leben nicht eine ständige Party sein? Ich habe lange nicht mehr so viel Spaß gehabt und bin am Ende froh, dass sich die Gäste amüsiert haben und das Fest ein Erfolg war.

Zehn Tage später bekomme ich eine SMS. Sie ist von Ingo, einem platonischen Freund von mir, den ich seit meiner Kindheit kenne. Meine Brüder und er trafen sich regelmäßig zum Fußballspielen und waren gute Kumpels. Ich dagegen war damals bloß die kleine nervende Schwester, die wohl eher als störendes Beiwerk angesehen wurde.

Unsere Mütter pflegten eine innige Freundschaft. Dieser Umstand führte dazu, dass wir uns auch später öfter zu sehen bekamen. Somit entstand ein loser Kontakt, der heute alles andere als regelmäßig ist. Aber ich mag ihn, deshalb lud ich ihn zu meiner Feier ein. Mehr als mit den anderen Gästen habe ich nicht mit ihm gesprochen. Warum auch? Schließlich verfolgte ich keine weiteren Absichten.

Und nun erreicht mich seine Textnachricht, in der er mich um ein Gespräch bittet. Ich zeige ihm die kalte Schulter und fertige ihn mit einer unterkühlten Antwort ab:

Können wir machen, wenn mal Zeit ist, aber jetzt läuft gerade Fußball im Fernsehen. Das möchte ich sehen.

Ich denke mir nichts dabei und widme mich nach unserem kurzen SMS-Kontakt wieder ganz meinem Lieblingsverein.

Eine Woche später erhalte ich eine weitere Nachricht von ihm. Diesmal bittet er viel offensiver um ein Treffen. Wahrscheinlich will er eine weitere Abfuhr, die auf Missverständnissen beruht, vermeiden. Denn er kommt direkt auf den Punkt und teilt mir mit, er habe Gefühle für mich. Wow, ich bin platt! Damit habe ich nicht gerechnet. Okay, insgeheim flattern auch in mir ein paar Schmetterlinge seit unserem letzten Wiedersehen. Aber verliebte Gefühle habe ich mir nicht erlaubt. Erstens bin ich verheiratet, zweitens dick. Wo soll da Platz für eine neue

Liebe sein? Wenn man allerdings bedenkt, wie sehr ich mich nach dem großen Glück sehne und meine Ehe mir nichts mehr zu bieten hat, wäre es ein Fehler, nicht auf mein Bauchgefühl zu hören. Also stimme ich dem Treffen zu.

Natürlich bin ich aufgeregt, als wir uns zum Feierabend in meinem Laden zusammensetzen. So viele überkochende Emotionen habe ich lange nicht mehr gespürt. Ich wusste gar nicht, dass mein Körper noch in der Lage ist, Hormone zu produzieren, die seit Jahren brach liegen. Während unserer Unterhaltung wird mir klar, dass ich ebenso verliebt bin wie er. Nur habe ich mir nicht zugestanden, so zu fühlen. Jetzt, wo wir uns tief in die Augen sehen und mich sein Bekenntnis überwältigt, kann ich mich nicht mehr gegen meine Gefühle wehren. Ich will ihn genauso wie er mich und bin dankbar, als er mir klarmacht, dass er sich von meinem Übergewicht nicht abgeschreckt fühlt. Doch er ist ehrlich, sagt mir, ich bin durchaus kräftig.

„Aber das ist mir egal, Claudi, denn du bist eine Klassefrau."

Es dauert nicht lange, bis aus uns ein Paar wird. Eigentlich geht es verdammt schnell.

Wir haben keine Zeit zu verlieren, denn wir sind nicht mehr die Jüngsten. Außerdem haben wir uns viel zu geben, denn auch Ingo sehnt sich nach Glück und Geborgenheit.

Wir entscheiden uns, unsere Treffen geheim zu halten. Ich habe Respekt davor, es meiner Familie und vor allem meiner Mutter zu erzählen. Wer möchte schon gerne als Ehebrecherin dastehen? Auch wenn meinem Umfeld bekannt ist, dass ich von einer Ehefrau zu einer Pflegekraft degradiert wurde, die dazu noch mit Eiseskälte bestraft wird. Trotzdem habe ich Bammel, dass die Sache auffliegt, obwohl ich nicht vorhabe, Thomas im Stich zu lassen. Was auch immer geschieht, solange mein Herz nicht aufhört zu schlagen, werde ich ihn betreuen und Ingo will mich dabei unterstützen. Er ist großartig und versteht meine Situation. Niemals würde er von mir verlangen, Thomas in die Obhut einer Pflegeeinrichtung zu geben.

Ich berate mich mit meiner Freundin Sabine, die mir gut zuredet und mir empfiehlt, mich meiner Mutter anzuvertrauen.

„Das, was du durchmachst die letzten Jahre in deiner Ehe, Claudi, wissen alle", erklärt sie und nimmt mir den Druck, der auf mir lastet. „Sprich mit deiner Mutter darüber. Sie wäre die Letzte, die kein Verständnis dafür hat, dass du dich verliebt hast. Sie sieht doch auch, wie freudlos dein Leben geworden ist. Jeder wünscht dir, dass du glücklich bist."

Die Worte geben mir Kraft und nach ein paar weiteren Nächten, die ich mir mit endloser Grübelei um die Ohren schlage, fasse ich mir ein Herz und berichte meiner Mutter von meinen Gefühlen für Ingo. Ihre Reaktion ist entspannt und sie freut sich für mich. Das war ja einfach! Und wo war jetzt mein Problem? Ich hätte mir doch denken können, dass meine Mutter auf meiner Seite ist. Sie liebt mich und will nur das Beste für mich.

Also erhoffe ich mir, auch beim Rest meiner Familie auf Verständnis zu stoßen. Ich atme tief durch und erzähle einem nach dem anderen von meinem neuen Glück. Niemand verurteilt mich. Im Gegenteil, alle zeigen sich mitfühlend und erfreut.

Ich bin froh, dass diese Hürde genommen ist, und blicke wieder zuversichtlich in die Zukunft.

8

Wir schreiben das Jahr 2014, es ist November und das Wetter eine trübe, kalte Suppe.

Meine Gedanken kreisen wieder viel um mein Übergewicht und als hätte mich eine Muse geküsst, weiß ich plötzlich: Ich muss was ändern, wenn ich weitere Zeit auf diesem Erdball verbringen möchte.

Dass ich beim Essen jede Menge falsch mache, ist mir bewusst, aber auch die Tatsache, dass Diäten (egal, welcher Art) bei mir ins Leere laufen. Ich will mich keinem Diktat unterordnen, wie ich das Abnehmen anzugehen habe. Jeder muss seinen eigenen Weg finden und selbst erkennen, wie es für ihn am besten funktioniert. Für den einen mag eine Kartoffeldiät genau das Richtige sein, für den anderen die Gemüsediät. Mir hilft das alles nicht weiter. Ich muss es schaffen, in meinem Kopf einen Schalter umzulegen, damit mein Vorhaben nicht nur von Erfolg gekrönt, sondern auch ein Dauerzustand wird. Soll heißen: Ich muss meinem Selbst deutlich machen, die Ernährung dauerhaft umzustellen, und nicht bloß für die Zeit des Abnehmens. Das erfordert keine Disziplin, sondern ein Umdenken. Ich bin bereit dazu – endlich, nach einer halben Ewigkeit von einem ganzen Leben. Trotzdem möchte ich mich nicht geißeln müssen und schon gar nicht quälen.

Nachdem ich mir nach reiflicher Überlegung über alles klargeworden bin, steht für mich fest, es ohne Anleitung – auf eigene Faust zu probieren. Was nützen mir Diät-Bücher, die von schlanken Autoren verfasst wurden, welche null Komma null Ahnung vom wahren Dicksein haben. Vielleicht habe ich keine Ernährungswissenschaften studiert, aber ich bin ja nicht blöd. Ich weiß, was ich falsch mache und wie man es richtig machen kann.

Also fange ich erst einmal bei den zuckerhaltigen Getränken an, von denen ich mir (Schande über mein Haupt) ohne Zweifel zu viel in meinen beleibten Leib reinkippe.

Ich war immer der Meinung, Wasser schmeckt nicht – könnte ich niemals trinken. Ist ja auch nicht so, dass da besonders viel Geschmack drin ist. Aber jetzt habe ich mir klargemacht: alles reine Kopfsache. Wenn ich mir ständig einhämmere, Wasser ist doof, dann ist es auch so. Man kann seine Geschmacksnerven daran gewöhnen, indem man sich darüber hinwegsetzt und das doofe Wasser trotzdem trinkt. Mit der Zeit finden sie es dann in Ordnung und der Geist fragt: Wieso habe ich mir eigentlich jahrelang eingebildet, ich könnte lediglich gesüßte Getränke zu mir nehmen? Weil ich es mir so lange eingeredet habe, bis ich es für die ultimative Wahrheit hielt. Jetzt rede ich mir halt das Gegenteil ein und um die Sache abwechslungsreicher zu gestalten, ergänze ich meinen Getränkeplan um Tee und gelegentlichen Kaffee.

Vermutlich stammen meine Backenzahnprobleme vom übermäßigen Verzehr der Cola-Getränke. Die darin enthaltene Säure und die Unmengen an Zucker werden den Zahnschmelz angegriffen haben. Karies und andere fiese Bakterien hatten leichtes Spiel. Seit Längerem bereits kaue ich deshalb mit den Vorderzähnen, was dazu führte, dass ich verlernte, meine Mahlzeiten richtig durchzukauen.

Als ich das Geld für die teure Reparatur meiner Kauwerkzeuge zusammengespart habe, lasse ich mein Gebiss sanieren. Nach einigen Wochen habe ich die Tortur hinter mich gebracht, und was soll ich sagen? Ein völlig neues Kauerlebnis hat sich eingestellt und ich fühle mich wie neugeboren – zumindest über dem Hals.

Meine Trinkgewohnheiten habe ich inzwischen verändert, nun folgt der größere Schritt: das Futtern.

Ich frage mich also selbst: Esse ich wirklich zu viel?

Meine Antwort: Ja, Claudi, du isst zu viel!

Nächste Frage: Und wie kann ich das ändern?

Antwort: Indem du weniger reinschaufelst.

Frage: Hab ich eine Idee, wie ich das anstellen kann?

Antwort: Nee, du?

Ich selbst zu mir: Ja! Die Mahlzeiten zu halbieren.

Das klingt doch nach einem Plan. Hätte ich mal früher ein Zwiegespräch mit mir geführt, dann wäre die Einsicht in mir womöglich eher herangereift. Jedenfalls finde ich, dass dies eine Bombenidee ist, denn somit muss ich auf nichts verzichten, nur auf die übliche Menge. Doch das sollte zu wuppen sein.

Von einer Kundin erfahre ich, sie habe gute Erfahrungen mit einem Magenband gemacht. Ich kann mir nicht vorstellen, mir einen Fremdkörper reinoperieren zu lassen und mir meinen Magen von so 'nem Gummiring zuknoten zu lassen. Das ist mein Magen und ich will verdammt sein, wenn ich es nicht alleine schaffe, meine Verdauungskammer mit einer anderen Lebensweise schrumpfen zu lassen. Jetzt hat mich das Abnehmfieber gepackt und ich will es mir beweisen! Schlankes Leben – ich komme! Dieser Körper kann auch anders aussehen und ich möchte wissen, wie.

Ich fange sanft an. Denn ich weiß genau, wenn ich zu viel von mir verlange, geht die Sache schief. Und ich tadle mich auch nicht, wenn die Mengen mal nicht genau die Hälfte ergeben, sondern etwas mehr. Letztlich darf ich nicht vergessen, dass mein Magen noch einer gewaltigen Tropfsteinhöhle gleicht und es Zeit braucht, bis er sich ein paar zarte Millimeterchen minimiert hat.

Ich setze mir ein Ziel. Mein Kampfgewicht beträgt nun 138 Kilogramm. Wenn ich es schaffe 10 Kilogramm abzunehmen, bin ich eine Heldin. Das ist eine Größe, mit der man arbeiten kann. Nicht zu viel und nicht zu wenig. Habe ich die 128 Kilo erreicht, sehen wir weiter.

Vor jedem Essen trinke ich ein Glas Wasser, um das erste Hungergefühl zu stillen. Sämtliche Mahlzeiten werden halbiert. Statt früher zwölf Kartoffeln, landen nur noch sechs auf meinem Teller. Das Stück Fleisch wird in zwei Hälften geteilt. Andere freuen sich über meine großzügigen Spenden.

Auf einmal entdecke ich meine Leidenschaft für Obst und Gemüse. Vor allem Beeren wie Blau- und Erdbeeren haben es mir angetan. Ich hatte mal gelesen, dass sie das Bauchfett verschwinden lassen. Das ist doch ein Argument, sie täglich zu essen.

Wenn mir nach Gummibärchen zumute ist, gönne ich sie mir – allerdings lediglich eine Handvoll.

Jeden Morgen esse ich zum Frühstück ein Ei. Ich habe festgestellt, dass es enorm sättigend ist und meinen Cholesterinspiegel überhaupt nicht beeinflusst.

Manchmal genieße ich etwas dunkle Schokolade. Ich breche mir eine Reihe von der Tafel ab und esse sie in Verbindung mit einer Tasse Kaffee. Erst beiße ich ein Stück ab, dann ein Schlückchen Kaffee dazu und im Mund zergehen lassen. Der Wahnsinn!

Plötzlich wird der Genuss der Schokolade zu einer ganz neuen Erfahrung.

Um mir auch weitere kleine Freuden zu gönnen, habe ich zu backen begonnen. Doch statt Weizen- verwende ich Dinkelmehl und den Zucker tausche ich gegen süße Äpfel oder Honig aus. Die fertigen Kuchen nehme ich mit in den Laden und biete meinen Kunden zum Kaffee ein Stückchen meiner Backkreationen an. Sie sind begeistert und mir bringt mein neues Hobby Spaß.

Ich gewöhne mir an, jeden Bissen länger zu kauen. Mit meinen nigelnagelneuen Zähnen ist das ja endlich wieder möglich. Happen für Happen wird fleißig zerrieben, bevor ich ihn runterschlucke. Auf diese Weise brauche ich länger fürs Essen und sorge damit für ein schnelleres Sättigungsgefühl.

Ebenso ist mir bekannt, wie überaus gesund Nüsse sind. Deshalb baue ich die Knabberteilchen in meinen Speiseplan mit ein. Jeden Tag verputze ich eine Handvoll Wal- oder Haselnüsse. Früher wäre ich nie auf die Idee gekommen, so etwas zu essen. Heute freue ich mich auf meine tägliche Ration.

Um mich selbst zu täuschen, benutze ich für jede Mahlzeit den jeweils kleineren Teller. Die Augen essen ja mit. Und wenn der Teller übervoll aussieht, fühle ich mich auch schnell so. Toller Trick! Da hätte ich mal eher drauf kommen sollen.

Bald packt mich der Ehrgeiz, noch mehr Neues auszuprobieren. Deshalb wage ich mich an Fisch heran. Nein, ich rede nicht von Fischstäbchen, sondern von Biolachs, Makrele oder Sprotten. Unerwartet bilden sich neue Geschmacksknospen in mir aus und ich entdecke, dass Essen vielfältig sein und auch ohne viele Kohlenhydrate Freude bringen kann.

Grünes Gemüse war früher ein rotes Tuch für mich. Egal, um was es sich handelte. Sobald es geringfügig zum Grün tendierte, wurde es von mir verschmäht. Nun scheine ich genetisch zu mutieren und eine seltsame Wandlung durchzumachen, denn auf einmal bekomme ich von den grünen Gewächsen gar nicht genug. Erstens weiß ich, dass sie kalorienarm sind, zweitens empfinde ich ihren Geschmack zunehmend ausgesprochen delikat. Täglich landet was Grünes auf meinem Teller: Brokkoli, Rosenkohl, Kopfsalat oder Chikorée. Den Salat rühre ich mir mit Essig und Öl an. Schmeckt Bombe und macht schlank!

Einmal in der Woche kommt eine Avocado mit auf den Speiseplan. Ich mansche sie mir mit einer Gabel zu einem netten unansehnlichen Pamps, menge ein paar Zwiebeln darunter und runde die Sache mit einem Schuss Zitrone, etwas Salz und Pfeffer ab. Der Hammer! Und sehr gesund.

Auf Weizenbrot oder -brötchen verzichte ich vollkommen und ersetze sie durch Dinkelprodukte. Darauf drapiere ich mir Hüttenkäse mit Zwiebeln. Um der Sache mehr Pfiff zu geben, streue ich Curry, Paprika, Salz und Pfeffer darüber. Ich könnt' mich wegschmeißen, so gut schmeckt mir das!

Mit meiner Mutter teile ich mir ab und an eine Grapefruit. Keine Ahnung, wieso mir diese saure Frucht auf einmal so mundet. In der Vergangenheit schüttelte ich mich allein beim Gedanken, sie zu essen. Aber ich sagte ja, dass ich seit meiner Ernährungsumstellung eine unheimliche Wandlung vollziehe, die mich selbst am meisten überrascht. Lebensmittel, deren freiwilliger Verzehr ich damals nicht für möglich gehalten hätte, stehen für mich heute auf der Hitliste ganz oben.

Falls ich mal eingeladen bin bei Freunden oder zu einer Feier, verweigere ich mir nichts. Jedoch reduziere ich das Stückchen Torte oder Kuchen einfach auf ein kleineres Maß. Niemand stört sich daran, sie freuen sich eher, dass ich mir trotzdem was gönne. Und ich mich erst!

Ich unterstütze meine neuen Essgewohnheiten mit Gymnastikübungen, die ich mir selbst zusammenstelle. Dafür brauche ich keinen Personal Trainer, schließlich bin ich nicht auf den Kopf gefallen und sehe selbst, welche Schwachstellen mein Körper hat und kann mir schon denken, welche Trainingsmaßnahmen hilfreich sein werden.

Ich beginne mit „Luftfahrradfahren" und lege mich dabei auf den Rücken. Aufgrund meines dicken Bauches schaffe ich lediglich dreißig Umdrehungen und überlege, wie weit ich wohl gekommen wäre, hätte ich auf einem Fahrrad gesessen. Aber diese kleine Niederlage wird mir den Eifer nicht nehmen. Letztlich geht es ja genau darum: um den dicken Bauch. Der soll einlaufen wie zu heiß gekochte Wäsche und am Ende auch noch nett aussehen. Also müssen Bauchmuskeln her, und das funktioniert nur mit Sport.

Nach einigen Monaten bemerke ich Veränderungen bei mir. Bei einer längeren Begutachtung im Spiegel stelle ich fest, dass meine Haut neuerdings Falten wirft. Als hätte man einem knallrunden Ballon die Luft entweichen lassen und das schlabbrige Stück Gummi übrig behalten. Ich erschrecke und nehme mir vor, mein Gymnastikpensum zu erhöhen. Von nun an mache ich ausnahmslos jeden Tag 15 - 20 Minuten lang meine Übungen, die vor allem darauf abzielen, Bauch und Arme zu straffen.

Die ersten 10 Kilo habe ich nun verloren und bemühe mich inzwischen die nächsten zehn wegzuschmelzen. Kilo für Kilo robbe ich mich langsam, aber stetig voran. Ich hätte nie gedacht, dass mir das mal gelingen würde. Als ich meine Erfolge immer deutlicher wahrnehme und mein Magen auf die Größe einer Murmel verkümmert ist, halbiere ich meine Portionen erneut. Nicht, um das Abnehmen zu beschleunigen, sondern weil ich schlichtweg nicht mehr so viel essen kann. Mein Sättigungsgefühl tritt mittlerweile schneller ein, sodass ich selbst die reduzierten Portionen kaum noch schaffe.

Auch wenn mein gesamtes Umfeld mich für krank hält, kann ich ihnen nichts anderes sagen, als dass ich lediglich dabei bin, erfolgreich abzunehmen. Da mich allerdings niemand jemals schlanker gesehen hat – mich eingeschlossen –, ist dieser neue Anblick (ich gebe es zu) erst einmal verstörend. Doch keine Angst, Ihr Lieben, ich fühle mich gesünder denn je. Bis auf meinen Kreislauf, der mir neuerdings Probleme zu bereiten scheint.

Als ich die 30-Kilo-Marke geknackt habe, suche ich meinen Hausarzt Dr. Berne auf und möchte diese neuerlichen Schwindelattacken abklären lassen.

Strahlend wie immer betrete ich seinen Behandlungsraum und reiche ihm die Hand. Er sieht mich an, als wäre ich eine Hochstaplerin, die sich illegal einer fremden Identität bedient.

Aber … aber, ich bin es wirklich, Claudia Mey, Ihre treue Patientin. Erkennen Sie mich denn nicht?

Sobald ich mein Wunschgewicht erreicht habe, muss ich mich wohl allen Leuten neu vorstellen, damit sie sicher sein können, es tatsächlich mit mir zu tun zu haben. Ein neuer Personalausweis mit einem aktuellen Passbild könnte da hilfreich sein.

Wir setzen uns und mein Hausarzt ist hocherfreut über meine Gewichtsabnahme. Ich erzähle ihm, wie ich die Sache angehe, und er nickt anerkennend.

„Dann wollen wir mal Ihren Blutdruck messen", sagt er und schreitet zur Tat.

Während er die Manschette aufpumpt, fällt mir auf, dass das Rumgepumpe aufgrund meines schlankeren Armumfangs deutlich länger dauert als früher. Oder bilde ich mir das bloß ein?

„Ihr Blutdruck ist völlig in Ordnung, beinahe zu niedrig. Sie können den Blutdrucksenker absetzen, Frau Mey. Dann werden Ihre Gleichgewichtsstörungen bald wieder verschwinden."

Ich grinse happy. Offenbar hat die Gewichtsreduktion meinen stets zu hohen Blutdruck in Wohlgefallen aufgelöst. So gefällt mir das, ich bin begeistert!

„Auch wenn es Ihnen jetzt besser geht, achten Sie bitte darauf, keinesfalls mehr als 4 Kilo im Monat abzunehmen, damit Sie Ihr Herz und den Kreislauf nicht zu sehr belasten."

„Geht in Ordnung, Dr. Berne. Ich bin doch eine fügsame Patientin."

Er lacht und zeigt sich amüsiert.

„Sie können stolz auf sich sein, Frau Mey. Das ist eine außergewöhnliche Leistung, die Sie vollbracht haben."

„Danke, ich bleibe dran."

Claudia mit 100 Kilo

Von nun an möchte er mich alle drei Monate sehen, um meine Gewichtsabnahme ärztlich zu begleiten.

Ich folge seinem Rat und finde mich zwölf Wochen später erneut in seinem Wartezimmer wieder. Mir sitzt eine adrette Frau gegenüber, die ihre Beine überschlägt. Ich beobachte sie eine Weile, wie sie ihre Sitzposition wechselt und sie das untere Bein über das zuvor obere gleiten lässt. Das kann ich nicht, denke ich und warte darauf, allein im Raum zu sein.

Als ihr Name aufgerufen wird und keine Zeugen mehr vor Ort sind, probiere ich es aus: Mithilfe meiner Hände ziehe ich das eine Bein über das andere. Es klappt! Ich verharre in dieser Position und schaue ehrfürchtig an mir herunter. Sind das meine Beine oder habe ich mich in der Adresse geirrt? Ich versuche es anders herum und okay, ein bisschen festhalten ist hier vonnöten, aber hey, es funktioniert! Welch ein Erfolgserlebnis! Das war früher niemals möglich. So kann es weitergehen. Ich bin sichtlich stolz.

Neuerdings habe ich mir angewöhnt, mehr Strecken zu Fuß abzuklappern. Die eine Station mit der U-Bahn, die ich stets zur Arbeit gefahren bin, laufe ich nun täglich und bekomme dabei wieder Luft. Auf dem kurzen Weg dorthin betrachte ich mich gern unauffällig in den Schaufensterscheiben der Geschäfte und staune über meine schlankeren Beine. Ich kann kaum glauben, dass es meine sind.

Männer gucken mich irgendwie anders an als in der Vergangenheit. Denn inzwischen trage ich andere Kleidung, solche, die meine Weiblichkeit betont: Kleider mit Strumpfhosen oder kurze Hosen. Es ist ein völlig neues Gefühl, Klamotten für mich zu kaufen. Mitunter verlaufe ich mich noch in den Geschäften und lande bei den Übergrößen – aus lauter Gewohnheit. Wenn ich dann aber die Zelte betrachte, die ich einst trug, lächle ich glücklich, bin mir aber im Klaren, dass ich mein Ziel bisher nicht erreicht habe.

Als ich um die 80 Kilo wiege, vernehme ich die ersten Stimmen, die mich auffordern, hier Schluss zu machen und so zu bleiben. Witzig, dass das ausgerechnet Leute sagen, die selbst keine sechzig Kilogramm auf die Waage bringen. Ich weiß aber, was ich will, und 80 Kilo sind nach wie vor zu viel. Wenn ich das in Butterstücken umrechne, trage ich weiterhin eine Menge überschüssiger Packungen mit mir herum. Ich will es schaffen, unter 70 Kilo zu kommen. Erst dann – und nicht vorher – höre ich auf und werde versuchen, mich in diesem Bereich einzupendeln.

Zusätzlich zu meiner täglichen Gymnastik habe ich mir angewöhnt, mich morgendlich einzucremen, um dem Erschlaffen meiner Haut entgegenzuwirken. Ich massiere alles gewissenhaft ein und klopfe die Feuchtigkeitscreme leicht in die obersten Hautschichten, immer so, dass es nicht wehtut. Dabei konzentriere ich mich besonders auf die Innenschenkel, den Bauch und die Arme – die üblichen Problemzonen einer Frau. Meinem Gesicht und meinem Doppelkinn (oder soll ich Dreifachkinn sagen?) widme ich bei diesen Maßnahmen besondere Aufmerksamkeit. Denn auch hier haben sich Veränderungen ergeben. Mein jahrzehntelanges Aufgeblähtsein hinterlässt nun Spuren, die ich durch die regelmäßige Pflege der Haut verbessern möchte.

Das viele Wassertrinken – zwei bis drei Liter am Tag – sorgt ebenfalls für die nötige Feuchtigkeit, um die Haut geschmeidig zu halten.

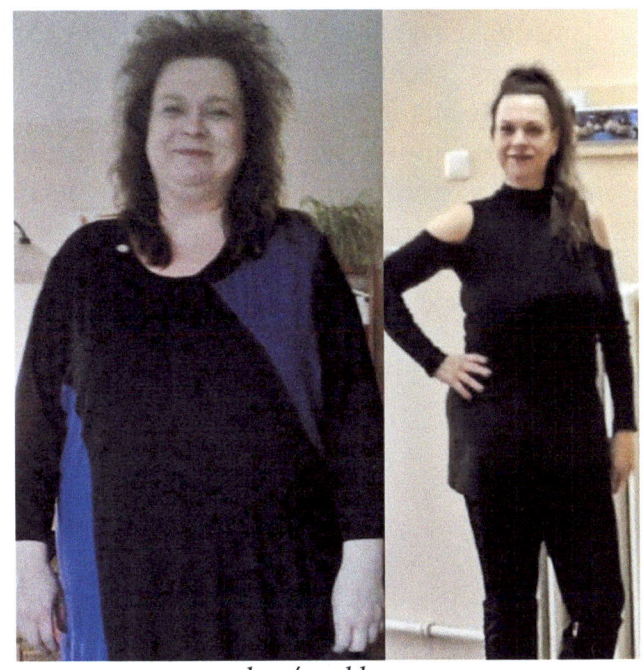

vorher / nachher

Sechzehn Monate vergehen und es ist fast vollbracht. Ich habe mich von 138 Kilo auf 70 Kilo runtergekämpft. Obwohl ich weniger von einem Kampf sprechen möchte. Den führte ich eher in meinem dicken Leben. Plötzlich bin nicht bloß *ich* leichter geworden, sondern jede Bewegung, jeder Handgriff, selbst das Treppensteigen und vor allem meine Arbeit als Friseurin. Ich sprühe nur so vor Glück, vor neuer Lebendigkeit, und das strahle ich in alle Himmelsrichtungen aus. Meine Kleidergröße betrug in der Vergangenheit 56/58. Und passende Kleidung zu finden, war eine Herausforderung. Damit ist nun Schluss, denn in 38/40 finde ich alles, wonach mir der Sinn steht, und ich muss mich beherrschen, nicht kaufsüchtig zu werden. So viel Auswahl bin ich gar nicht gewohnt.

9

Im Februar 2016 trete ich morgens in meinem neuen Dress und verändertem Style aus der Haustür und treffe auf eine liebe Nachbarin von mir, die als Journalistin tätig ist. Frau Meinhof ist sehr angetan von meinen Abnehmerfolgen und schlägt mir vor, einen Artikel über mich zu schreiben.

Ich bin baff, als ich das höre. Mit so etwas habe ich nicht gerechnet. Mir sind ja nur ein paar Pfunde abhandengekommen. Ist doch keine große Sache. Dass andere Menschen an meiner Geschichte interessiert sein könnten, erscheint mir unvorstellbar.

Sie räumt mir Zeit ein, in Ruhe darüber nachzudenken. Kann es tatsächlich sein, dass jemand etwas über mich lesen möchte – über die kleine unbekannte Friseurin aus der Berliner Straße? Ich heiße nicht Cardashion oder Hilton.

Mey ist mein Name, Claudia Mey, und ich trinke meinen Kaffee nicht geschüttelt, sondern gerührt. Meine nennenswerten Lebensleistungen passen auf einen Schmierzettel und füllen keine Zeitungsartikel aus, geschweige denn die Seiten eines Buches. Und mit etwas Abstand zu meiner Vergangenheit finde ich sogar, dass mein lebenslanges Dicksein die größere Herausforderung im Vergleich zum Abnehmen war. Jetzt ist schließlich alles tutti! Früher musste ich mir ständig einreden, es *wäre* alles tutti. Das verlangte weitaus mehr von mir ab.

Ich halte mich nicht lange mit Rumgrübeln auf. Vielleicht kann ich auf diese Weise den einen oder anderen motivieren, das Gleiche zu schaffen. Immerhin liefere ich mit meinen gesammelten Erfahrungen den unwiderlegbaren Beweis, dass man schlank werden kann, obwohl man sein Leben lang dick war. Das ist doch schon mal ein prima Argument, mich in einer Zeitung ablichten zu lassen. Also sage ich zu.

Kurz darauf bekomme ich Besuch von einer Fotografin und einer Maskenbildnerin. Mal sehen, was man aus mir noch so herausholen kann.

Ich bin platt, als ich mich im Spiegel betrachte. Wahnsinn! Wüsste ich nicht, dass ich das bin, würde ich glatt hinterm Spiegel nachsehen, wer sich da versteckt.

Die Fotos gefallen mir und ich bin aufgewühlt über die Tatsache, so schön aussehen zu können. Ich bin eine attraktive Frau – kaum zu glauben.

Der Artikel erscheint im SZ Magazin unter dem Titel „Bessere Hälfte". Ich bin völlig aus dem Häuschen, als ich ihn lese.

„Das bin ich", sage ich aufgeregt zu meiner Mutter und zeige mit dem Finger darauf. „Ist denn das zu fassen?"

Diese unverhoffte Aufmerksamkeit um meine Person muss ich erst mal klarkriegen. Alle meine Freunde rufen mich an und sind genauso aufgedreht wie ich. Was für eine tolle Erfahrung und Lohn für meinen Durchhaltewillen.

Kurze Zeit später meldet sich der Berliner Kurier bei mir und möchte ebenfalls über mich schreiben. Bin ich jetzt ein Star? Ich sollte mich bei RTL für den Dschungel bewerben. Vielleicht haben die noch eine Hängematte für mich übrig.

Somit landet mein Gesicht auf dem Frühstückstisch der Berliner und ich bin plötzlich stadtbekannt. Als ich am 20. April mit der U-Bahn fahre, sehe ich mich selbst auf der Titelseite. Mein Gegenüber hält sich die aufgeklappte Zeitung vors Gesicht und ich rutsche auf meiner Sitzbank immer tiefer nach unten. Dabei überlege ich, wie ich mich am besten in Luft auflöse. In großen schwarzen Buchstaben prangt mir mein Name entgegen:

Claudia aus Berlin nahm 68 Kilo ab.

„Ich liebe halbe Sachen"

Oh Mann! Meine Rübe färbt sich tiefrot. Träume ich das oder drehe ich gerade eine Filmszene?

Am folgenden Tag erscheint im Berliner Kurier ein zweiter Bericht mit dem Titel:

So klappte die Super-Diät.

Ich bin überwältigt vom wachsenden Interesse an mir. Demnächst muss ich mir womöglich noch Autogrammkarten anfertigen lassen.

Aber dazu kommt es nicht – zum Glück. Ich brauche keinen unnötigen Rummel um meine Person. Alles, wonach ich mich gesehnt habe, ist in Erfüllung gegangen. Ich bin gesund, schlank und nach wie vor mit Ingo glücklich. Was brauche ich mehr?

Mittlerweile habe ich mein Wunschgewicht erreicht. Gute achtzehn Monate sind vergangen, seit ich das Projekt „Abnehmen" begonnen habe, und die Grenze von 70 Kilo ist unterschritten: 67 Kilo wiege ich jetzt und mit diesem Ergebnis bin ich sehr zufrieden. Hier plane ich, mich einzupendeln und mein neues Gewicht zu halten.

Führe ich mir vor Augen, dass ich 71 Kilo abgenommen habe, und das in eineinhalb Jahren, kommt mir alles so unwirklich vor, als würde ich bloß träumen. Ich habe mich halbiert, die Hälfte meines Körpergewichts verloren. Wo ist das alles hin? Muss ich jetzt befürchten, einen Teil meiner Persönlichkeit eingebüßt zu haben oder gar meiner Seele?

Einen ganzen zweiten Menschen habe ich weggehungert – was für ein schräger Gedanke. Ich sollte mal die Schränke durchsuchen, ob sich da eine zweite Claudia versteckt hält, die nur darauf wartet, sich wieder mit mir zu verbinden.

Mein Leben ist anders geworden – so leicht und beschwingt. Plötzlich bewege ich mich wieder gerne, freue mich über jede Strecke, die ich zu Fuß ablaufen kann. Ich habe eine richtige Figur bekommen – eine Taille. Vor achtzehn Monaten musste ich noch unter meinen Fleischmassen angestrengt nach einem Taillenansatz suchen. Aber tatsächlich fündig wurde ich nie.

Ich kann nicht behaupten, dass mir (abgesehen von den Fettschichten) etwas fehlt. Denn endlich habe ich überall freie Bahn, steht mir nichts mehr im Weg, das ich versehentlich umrenne oder wegkicke. Aber ein Freund aus Hamburg, der sich gelegentlich von mir die Haare schneiden lässt, scheint etwas an mir zu vermissen. Lachend sagt er mir, dass er es ziemlich kuschelig fand, meinen Bauch beim Frisieren im Gesicht zu spüren. Witzbold! Klar muss ich mitlachen! Doch klar ist auch, an die neue Claudia werden sich alle gewöhnen müssen. Denn ich will so bleiben, wie ich bin!

Im März 2017 meldet sich RTL Aktuell bei mir und fragt an, ob man in meinem Laden filmen dürfe. Es ginge um einen Beitrag zum Thema „Rente mit 67". Dazu hätte ich doch bestimmt was zu erzählen.

Na ja, denke ich und kratze mich am Kopf. Das hätte ich schon. Aber vor einer Kamera? Beim Haareschneiden? Da werde ich vor Aufregung kaum die Schere in der Hand halten können.

Ich sage zu. Trotz meiner Bedenken, meiner Kundin dabei ein Auge auszustechen. Mit einem lässt sich schließlich auch noch gucken und ich erlebe mal wieder ein Abenteuer.

Als das Filmteam anrückt und wir die Szene ein paar Mal aufnehmen, fühle ich mich bereits wie die neue Claudia Schiffer. Nur dass es nicht ums Thema „Schönheit", sondern „Rente" geht. Da bin ich wohl dreißig Jahre zu spät auf der Bildfläche erschienen. Im nächsten Leben plane ich meine Modelkarriere früh genug, damit ich nicht mit Gehstock über den Catwalk schleichen muss.

Irgendwann ist die Szene im Kasten:

Friseurin Claudia Mey schnippelt auf dem Kopf einer Kundin herum und tut ihre Meinung zum Thema „Renteneintrittsalter" kund. Sie ist sicher, in diesem Beruf keinesfalls bis zur Rente durchhalten zu können, da der anstrengende Job auf die Knochen geht.

Am Abend steht mein Handy nicht mehr still. Jeder will mir mitteilen, mich in den RTL Nachrichten erblickt zu haben. Ja, wirklich seltsam, ich hab mich auch gesehen.

10

Aufgrund meines Dauerdickseins musste sich auch meine Haut damit abfinden, dauerhaft gedehnt zu werden. Sie hat sich das womöglich anders vorgestellt, als wir gemeinsam auf die Welt gekommen sind – spekulierte darauf, einen Körper zu umhüllen, der sich normal entwickelt. Tja, das Leben ist nun mal kein Wunschkonzert. Mir wäre es auch lieber gewesen, als Drahtgeflecht heranzuwachsen, stattdessen wurde aus mir eine übergroße Rumkugel mit Schuss.

Dennoch habe ich Glück, dass es mir meine Haut nicht zu übel genommen hat, lebenslang auf die Länge der „Route 66" gestrafft worden zu sein. Es hätte wirklich schlimmer kommen und ich meine ausgeleierten Lappen hinter mir herziehen können. Ein Teil von mir befände sich dann noch an der Wohnungstür, während ich im Friseurgeschäft angekommen bin und mühevoll meine Hautschichten aufrolle.

Aber ich hatte ja beim Abnehmen vorgesorgt und (neben meinen täglichen Übungen) mich Morgen für Morgen eingecremt, um meine Haut gütlich zu stimmen. Und der Plan ist aufgegangen. Mit diesen Maßnahmen konnte ich gegensteuern und empfinde das Ergebnis als akzeptabel.

Lediglich mein Bauch ist etwas unschön und daher werde ich mit ihm wahrscheinlich keinen Schönheitspreis gewinnen. Doch man darf auch nicht vergessen, dass er schon Bekanntschaft mit meinen Knien gemacht hatte – die drei längst per Du miteinander waren. Diese innige Verbundenheit lässt sich nicht mal eben auflösen, da muss ich schwerere Geschütze auffahren. Und da für mich eine OP nicht infrage kommt – die zwar mit Sicherheit erfolgreich zur Straffung beitragen würde, aber auch Risiken birgt – mache ich eine andere Methode ausfindig: die Kryolipolyse

Eigentlich ist Ingo darauf gestoßen und hat im September 2018 beschlossen, mir ein Behandlungspaket zu schenken.

Ich dackle also nach Steglitz in ein Studio, das diese Behandlungsform anbietet, und habe keine Ahnung, was mich dort erwartet. Nils empfängt mich in seinen Räumen und klärt mich über alles auf. Er ist mir sofort sympathisch und scheint sichtlich beeindruckt zu sein von meinem Abnehmerfolg. Ihm ist wichtig zu erfahren, wie ich mich genau ernähre und bittet mich, am Tag der Kryo-Behandlung Kohlenhydrate nur vormittags zu essen. Nachmittags soll ich mich auf Gemüse beschränken, um den Körper nicht zusätzlich zu belasten. Das krieg' ich hin. Mache ich im Grunde auch jetzt schon so. Als es losgeht, werde ich in einen Über- und Unterdruckanzug gesteckt und sehe aus wie eine Tiefseetaucherin. Fehlen nur noch die Flossen an den Füßen. Bekomme ich auch eine Harpune?

Wir konzentrieren uns bei der (soll ich „Therapie" sagen?) hm … beim „Bearbeiten" auf meinen Bauch. Er ist mein Sorgenkind und eine einzige Problemzone. Mit der Kryolipolyse erhoffe ich mir letztlich, dass sich mein Unterleib in ein frisch gebügeltes und in Form gebrachtes Bettlaken verwandelt. Ein anschließendes Bauchnabelpiercing würde mir sicher gut stehen.

Es werden mir Eiselemente, die auf 4 Grad runtergekühlt wurden, auf den Bauch gelegt, die nun etwa fünfzig Minuten „einwirken" müssen. Der Sinn dieser Prozedur ist, das restliche Fett im Bauch durch Kälte kristallisieren zu lassen und mit der dann folgenden Radiofrequenz auszuleiten. Dabei soll Haut und Gewebe gestrafft werden. Na, da bin ich mal gespannt.

Kaum sind wir fertig, drückt meine Blase. Moment mal, ich muss mal kurz verschwinden. Komisch, ich war doch gerade erst. Nils sagt, das sei normal. Die Anwendung wäre mit einer Lymphdrainage vergleichbar und rege die Entgiftung an. Häufiges Wasserlassen direkt danach gehöre dazu und sei eine prima Sache.

Na supi, hoffentlich schaffe ich den Rückweg ohne Pannen. Vielleicht sollte ich mir zuvor einen Plan ausarbeiten, an welchen Stationen ich auf dem Heimweg besser eine Pinkelpause einlege, um versehentliches Einnässen zu verhindern.

Zu Hause angekommen, begutachte ich ausgiebig vorm Spiegel meinen Bauch. Ich drehe mich in alle Richtungen, um Unterschiede festzustellen. Mein Gott, ja, ich bin doch nicht von gestern! Mir ist auch klar, dass man das öfter machen muss für eine sachgerechte Beurteilung. Rom ist schließlich auch nicht in fünfzig Minuten erbaut worden. Trotzdem ... das sieht durchaus ein bisschen anders aus: etwas glatter und geschmeidiger. Wollen wir mal die folgenden

„Bearbeitungen" abwarten. Es kann nur besser werden!

Ich mache ein Foto von mir im Adamskostüm und beabsichtige, die möglichen Veränderungen in Bildern festzuhalten.

In den nächsten Monaten unterziehe ich mich der Prozedur in regelmäßigen Abständen. Und tatsächlich: Mein Unterleib verändert sich. Ich merke es nicht sofort, aber da ich die Ergebnisse fotografisch festhalte, ist der Erfolg bald überdeutlich sichtbar. Das restliche Bauchfett schmilzt dahin wie ein Sahneeis in der Sonne und löst sich rückstandsfrei auf. Das Gewebe wird glatter und fester und jippi, das alles ohne hautstraffende OP.

Um die Leber in dieser Zeit bei der Entgiftung zu stärken, esse ich besonders viele Bitterstoffe wie Rucola oder Chicorée und nehme zusätzlich Mariendistel ein.

Ich bleibe dran an der „Bauchbearbeitung". Denn diese Methode hat mich vollends überzeugt.

Im November 2018 bekomme ich einen verrückten Anruf. Der SWR meldet sich bei mir und möchte mich einladen. Man fragt, ob ich Lust hätte, Talkgast der Sendung

„Nachtcafé" zu sein, um von mir und meinen Erfahrungen zu berichten.

Ääääh …! Meinen die das ernst? Oder haben die sich bloß verwählt und wollten eigentlich mit Cindy aus Marzahn sprechen, deren Geschichte bei Weitem spannender sein dürfte als meine?

Und falls dies kein Irrtum ist und sie tatsächlich *mich* meinen, kann ich das denn? Mal so eben im Fernsehen locker, flockig etwas über mich erzählen?

Ich sage zu. Nach unreiflicher Überlegung von drei Sekunden habe ich beschlossen, mich in ein erneutes Abenteuer zu stürzen. Ich erlebe mal wieder was Aufregendes und der Sender muss selbst wissen, ob er seine Zuschauer mit meiner unspektakulären Abnehmgeschichte langweilen möchte.

Für die Aufzeichnung reise ich mit der Bahn nach Baden Baden. Ingo habe ich zur Verstärkung mit im Gepäck. Ich brauche seine seelische Unterstützung, schließlich reise ich nicht alle Tage in eine fremde Stadt, um mich dort in ein Fernsehstudio zu setzen und frank und frei vor Zuschauern und diversen Kameras über mich zu plaudern. Habe ich da wirklich zugesagt? War ich möglicherweise geistig verwirrt, als ich dieses folgenschwere Telefonat führte? Womöglich ist mir beim Abnehmen das Gehirn abhandengekommen. Könnte ja sein, dass mein Kopf zu einem großen Hohlkörper verkommen ist.

Wir werden von einem kleinen SWR-Bus am Bahnhof eingesammelt, der uns zum Hotel bringt. Viel Zeit, um uns den Superschuppen in Ruhe anzusehen, bleibt uns nicht. Aber immerhin genug für ein kleines Picknick auf dem Zimmer. Dort hat man ein paar knackige Weintrauben und zwei Stückchen Kuchen für uns bereitgestellt.

Ich verschlinge die Trauben wie Schokobons und will mich danach über den Kuchen hermachen. Als ich den ersten Bissen genüsslich kaue, schlägt Ingos eingebaute Alarmglocke an.

„Spuck das schnell aus", sagt er im ruhigen Ton, um keine unnötige Panik zu verbreiten. Aber ich erkenne die tiefe Sorgenfalte auf seiner Stirn sofort. Die wächst ihm stets, wenn irgendetwas gar nicht rundläuft. Und in diesem Augenblick muss eine ungeahnte Gefahr in dem Kuchen lauern, der wie eine appetitliche Schokoladensüßspeise daherkommt.

„Da ist Kokos drin", ergänzt Ingo seine Aufforderung mit einer Erklärung.

Ach du grüne Neune, ausgerechnet Kokos, wogegen ich hochgradig allergisch bin! Wer rechnet denn mit so etwas in einem dunklen Kuchen? Wäre er weiß gewesen, hätte ich mich bestimmt nicht dazu hinreißen lassen, davon zu essen. Doch so wurde ich auf grob fahrlässige Weise in die Irre geführt.

Ich spucke alles aus und spüle mir den Mund sofort mit Wasser aus. Danach schrubbe ich mir zehn Minuten lang die Zähne, falls sich ein Krümel irgendwo verfangen hat. Zum Glück habe ich vorgesorgt und meine Allergietabletten dabei. Ich nehme eine ein und schicke ein Stoßgebet nach oben.

„Bitte, bitte lass meine Zunge nicht anschwellen! Damit redet es sich so schlecht."

Ich werde erhört und bin froh, als wir gegen 17 Uhr abgeholt werden und ich keinen Schwellkörper im Gesicht verstecken muss. Wäre auch schwer gewesen, wenn man im Studio von allen Seiten wie eine Ming Vase im Museum ausgeleuchtet wird.

Als ich jedoch „zur Maske" gebeten werde, um aus mir einen Schmetterling zu zaubern, beginnt es in meinem Hals zu kribbeln und zu krabbeln. Ich bekomme schwer Luft, denn er schwillt an. Moment mal, ich dachte, ich wäre damit durch. Meine Augen beginnen zu tränen und super, ich fühle mich plötzlich grausig. Und das vor meinem großen Auftritt.

Ich nehme mein Allergiemittel erneut ein, das ich in weiser Voraussicht vorsichtshalber in die Handtasche gesteckt habe.

Die arme Maskenbildnerin muss meine feuchten Augen immer wieder aufs Neue schminken, weil die Farbe ständig verläuft. Sorry, das war nicht meine Absicht. Am Ende bleibt für meinen Haarschopf kaum noch Zeit, weil wir sie mit Husten, Schnauben, Wasser trinken und wiederholtem Augenschminken verplempert haben. Ist ja auch schnuppe, wie meine Kopfwolle zur Geltung kommt. Die Hauptsache ist doch, dass sich meine Lippen nicht in ein Schlauchboot verwandeln und mein Gesicht zu einem Medizinball aufbläht, während ich gerade stolz von meinem schlanken Leben berichte. Das nimmt mir doch dann keiner mehr ab.

Als ich mit den anderen Talkgästen ins Studio geführt werde, rutscht mir das Herz in die Strumpfhose. Meine Güte, da sitzen ja so viele Zuschauer – mehr als befürchtet – und starren uns alle an.

Na ja, ich werde das schon hinbekommen, bin schließlich nicht auf den Mund gefallen. Die Kokosreaktion lässt langsam nach, pünktlich zur Sendung. Das muss an meinem beschleunigten Stoffwechsel liegen.

Als ich an der Reihe bin zu erzählen, fällt mir auf, wie sehr mir der Po wehtut. Seit Stunden werden meine vier Buchstaben schwer beansprucht. Erst die lange Bahnfahrt, dann das Picknick im Hotel und wo auch immer ich bin: sitzen. Das sind meine Bäckchen nicht gewohnt. Komisch, dass mir das in diesem entscheidenden Moment aufstößt.

Ich erzähle, was mir so einfällt, und sehe, wie meine alten Fotos auf den Monitoren erscheinen. Claudia Mey als übergewichtige Frau mit einem Bauch – so gewaltig, dass er bis zu den Knien reicht. Wow, war ich das? Kann ich mir heute gar nicht mehr vorstellen.

Nach der Sendung gehen wir alle zusammen essen. Es gibt Kokossuppe, hoppla!

„Wollt ihr mich umbringen?", frage ich die kichernde Runde.

Die haben gut lachen, die Sendung ist im Kasten. Kaum wird meine Wenigkeit nicht mehr benötigt, nimmt man mein vorzeitiges Ableben billigend in Kauf.

Ich bekomme eine andere Suppe und genieße den Rest des Abends mit einer netten

Truppe. Zusammenfassend kann ich nur sagen, es war ein toller Tag. Und dass ich ihn erleben durfte, habe ich lediglich dem Umstand zu verdanken, kräftig abgenommen zu haben. Eigentlich nichts Besonderes, denn ich bin weder über Wasser gelaufen noch habe ich den Heiligen Gral entdeckt. Ich bin ein einfaches Mädchen mit einer dicken Vergangenheit, die einer schlanken Zukunft entgegensieht.

Die Sendung wird übrigens „Von Vorsätzen und Rückschlägen" heißen und nach zweimaliger Ausstrahlung im Fernsehen bei Youtube zu finden sein.

Somit nimmt meine Medienpräsenz kein Ende. Hoffentlich muss ich demnächst keine Paparazzi abwehren, die mir an meinem Friseurgeschäft auflauern. Sonst muss ich mir bald einen Bodyguard zulegen, den ich mir von meinem bescheidenen Friseurlohn kaum leisten kann. Sind solche Kosten steuerlich absetzbar?

Am Tag der TV-Aufzeichnung

11

Es ist November 2019 und mein Personalausweis läuft bald ab. Deshalb führt mich heute mein Weg zu meiner Krankenkasse, weil sich in jenem Gebäude ein Passbildautomat befindet.

Genügend Kleingeld habe ich dabei. Also fummle ich am Gerät herum und befülle es mit einigen Eurostücken, als mir meine Sachbearbeiterin Frau Sandmann in den Kopf schießt. Ich könnte sie ja besuchen, wenn ich schon mal hier bin. Sie kennt mich inzwischen recht gut, weil ich diverse Male hier aufgeschlagen bin, um irgendwelche Zuschüsse zu beantragen. Da blieb es nicht aus, dass wir eine Menge Persönliches miteinander austauschten und sie gut informiert über mich ist. Ich mag sie sehr, deshalb plane ich einen Abstecher bei ihr ein.

Als der Automat meine schlanken Fotos ausspuckt, begutachte ich das Ergebnis. Irgendwie immer noch ein komischer Anblick.

Ich stopfe die Bilder in meine Handtasche und fahre in den dritten Stock des Gebäudes.

Dort angekommen, sehe ich bereits die offene Tür zu ihrem Büro, das sie sich mit ein paar weiteren Kollegen teilt.

„Klopf, klopf", sage ich und trete ein.

„Mein Gott, Frau Mey, das ist ja kaum zu glauben!", ist sie perplex, als sie mich sieht. „Sie sehen klasse aus!"

„Danke", freue ich mich über ihr ehrlich gemeintes Kompliment.

„Wie geht es Ihrem Mann und Ihrer Mutter?", fragt sie mich, während sie heimlich etwas in den PC eintippt.

Hat sie jetzt unauffällig den Sicherheitsdienst verständigt, weil sie glaubt, es mit einem schlanken Klon von mir zu tun zu haben, der illegal in irgendeinem Labor herangezüchtet wurde?

Gerade will ich antworten, als sie lautstark ihre Kollegen herbeiruft.

„Kommt schnell alle her und schaut euch Frau Mey an!", hetzt sie die Meute auf mich. „Seht mal", sie zeigt mit dem Finger auf den Monitor und dreht den Bildschirm etwas herum. „So sah sie früher mal aus. Und, ‚tata', das ist sie heute."

Ich kann ein altes Mopsfoto von mir erkennen. Grrr …! Dieses Gruselbild von mir ist ja zum Abgewöhnen.

Alles kommt herbeigeeilt und ist beeindruckt. Ich dagegen überlege bloß, wie ich mein Kugelgesicht am schnellsten aus der Datenbank der Krankenkasse entferne. Ein Virus könnte hilfreich sein. Aber wo finde ich den passenden Hacker?

Man fragt mich, ob ich mir ein Magenband habe einsetzen lassen.

„Nein, das habe ich allein geschafft", antworte ich verwundert. Weshalb denken die Leute so häufig, man könne das Abnehmen nicht aus eigenem Antrieb hinbekommen? Ich gebe ja zu, dass mein Entschluss, es endlich zu schaffen, Jahrzehnte auf sich warten ließ. Als er dann aber geboren war, verschmolz er mit meinem festen Willen und führte mir mein Ziel sehr klar vor Augen, sodass ein Magenband schlichtweg nicht nötig war. Ich wusste plötzlich genau, was ich wollte und wie ich es erreichen kann. Der Schalter in meinem Kopf war umgelegt und es hatte „klick" gemacht. Vielleicht haben mich meine zunehmenden gesundheitlichen Probleme auf den richtigen Pfad geführt oder aber die Tatsache, erkannt zu haben, nicht mehr glücklich zu sein. Als dicker Mensch lernte ich schnell, mir tagtäglich einzureden, alles wäre in bester Ordnung und ich wäre zufrieden mit meinen Pfunden.

Dieser Gedanke grub sich in jede meiner Körperzellen, so lange und so tief, bis ich davon überzeugt war, Übergewichtige wären die bessere Spezies. Das funktionierte über einen langen Zeitraum wunderbar und weil ich dabei ein Selbstbewusstsein entwickelte, welches sich wie ein Schutzpanzer um mich legte, prallten gut gemeinte Ratschläge einfach ab.

Wenn ich heute alles auf den Punkt bringen müsste, kann ich nur Folgendes dazu sagen:

Das „Wie" spielt keine Rolle! Es ist völlig egal, für welche Abnehmmethode man sich entscheidet. Wenn ich bloß halbherzig an die Sache herangehe, scheitere ich mit jeder Diät. Es muss ein Umdenken im Kopf stattfinden. Und dabei kann einem niemand helfen – keine tollen Rezepte oder Diätbücher, auch keine Mahnungen von Ärzten oder Freunden. Irgendwann stand ich an einem Punkt, an dem mir klar wurde, dass es so nicht mehr lange weitergehen kann. Ich fragte mich, wie wichtig mir das eigene Leben ist und ob das Essen wirklich die einzige „Heilmethode" für meine Unzufriedenheit ist. Eines Tages genügte es mir nicht mehr, mich mit zuckerhaltigen Lebensmitteln zu trösten oder zu belohnen. Auf einmal wollte ich mehr: wieder Luft beim Treppensteigen oder Laufen bekommen, das Fortschreiten gesundheitlicher Probleme aufhalten, mich besser bewegen können, schöne Klamotten tragen, abschätzige Blicke anderer nicht mehr aushalten müssen, mein eigenes Spiegelbild mögen. Diese Wünsche begannen zu überwiegen und das Essen erhielt einen geringeren Stellenwert. Als das geschah, packte ich den Stier bei den Hörnern und ließ die Gedanken reifen, ob und wie ich abnehmen könnte. Dieser „Reifeprozess" kann lange dauern oder schnell gehen. Aber wenn man erst einmal so weit gekommen ist, sind die Chancen recht gut, dass man für sich selbst einen Weg findet, die Sache anzugehen.

Mit meinen frischen Passbildern im Gepäck gehe ich zum Bürgeramt und genieße das herrliche Wetter. Weil mir die Sonne warm um die Nase scheint und ich das Spazierengehen mittlerweile zu meinem Hobby erklärt habe, mache ich einen kleinen Umweg und führe mir happy vor Augen, wie viel Kondition ich durch den Gewichtsverlust und das stetige Laufen zurückerhalten habe. Ich scheue mich auch vor keiner Treppe mehr. Im Gegenteil, ich benutze lieber die

Stufen als eine Rolltreppe oder den Fahrstuhl.

Als ich im Bürgeramt aufschlage, wird meine Nummer bereits nach fünf Minuten aufgerufen. Glück gehabt!

Ich lege Frau Meier meinen alten Ausweis hin und grinse sie an.

„Ich denke, ich brauche einen neuen. Der hier läuft bald ab und erkennen kann man mich auf dem Bild auch nicht mehr."

Sie nimmt die Karte in die Hand und vergleicht mein neues Gesicht mit dem alten. Ich kann ihren skeptischen Blick genau erkennen, wie sie abwägt, ob sie mir meine Geschichte, tatsächlich die Person auf dem Ausweisfoto zu sein, abkaufen kann. Es ist ja nicht von der Hand zu weisen, dass mein heutiger Anblick kaum noch etwas mit dem alten zu tun hat.

„Ja, Frau Meier, das war ich wirklich", füge ich vorsichtshalber hinzu, bevor sie den Alarmknopf unter ihrem Tisch drückt und mich von der Polizei wegen Identitätsdiebstahl abführen lässt.

„Mein Gott, Frau Mey, was haben Sie gemacht?", fragt sie mich, als wäre ich gerade aus Dr. Frankensteins Labor entkommen, statt aus einem Schmetterlingskokon geschlüpft.

Kurz überlege ich, wie ich ihren Aufschrei zu verstehen habe, bis sie sich wieder fängt und mich anlächelt.

„Sie sehen toll aus! Wahnsinn! Wie ist Ihnen das gelungen?"

Beruhigt atme ich durch. Offenbar bezog sich ihr Schreck auf das alte Bild und nicht auf die neue Claudia. Sonst hätte ich auf der Stelle ein Antidepressivum einnehmen und mich schocktherapieren lassen müssen.

Stolz berichte ich im Schnelldurchlauf, wie ich es hinbekommen habe, von einem Hefekloß zu einer Brühnudel zu werden. Sie zeigt sich beeindruckt und als ich den Raum verlasse, bin ich froh, bald meinen neuen Ausweis – den ultimativen Beweis – in den Händen zu halten, dass ich ich bin.

Ich gehe zum Ausgang und stemme mich gegen die wuchtige Tür, um sie aufzudrücken. Nichts geschieht. Was geht denn hier ab?

Seitdem ich als Feder für die Krone im Dienst bin, schaffe ich es nicht mal mehr, eine läppische Tür aufzubekommen. Dann kann ich wohl die Hoffnung auf ein Duett mit 007 begraben.

„Eure Majestät, Agentin 00 meldet sich zum Dienst."

„Können Sie auch Türen aufstemmen?"

„Nein, tut mir leid, das Talent ist mir abhandengekommen. Als ehemalige Dampfwalze war das irgendwie leichter."

12

Um niemanden mit meinem Buch zu langweilen, will ich es mal nicht zu lang werden lassen und möchte in diesem Kapitel ein Fazit ziehen.

Ich bin heute 47 Jahre alt, immer noch 1,66 m groß (falls ich nicht eingelaufen bin) und halte mein Gewicht von 67 Kilo seit drei Jahren problemlos.

Mein Kampfgewicht betrug 138 Kilo und nach sechzehn Monaten wog ich 70 Kilo. Für die letzten 3 Kilogramm ließ ich mir zwei Monate Zeit, habe es dann etwas langsamer angehen lassen, um den Körper nicht zu überfordern und ihm die Möglichkeit zu geben, sich in diesem Bereich einzupendeln.

Insgesamt brauchte ich also achtzehn Monate, mich von insgesamt 71 Kilo überschüssigem Körpergewicht zu befreien.

Heute würde ich sagen, ich bin gesund. Aber das war nicht immer so. Ich hatte eine schlimme Thrombose im rechten Fuß und einen viel zu hohen Blutdruck. Die Feuerwehr musste mich mit einem dramatischen Wert von 220/170 ins Krankenhaus fahren. Meine Nase blutete ununterbrochen und der Sanitäter erklärte mir, ich solle froh darüber sein, dass sich ein Ventil geöffnet und es keinen Blutstau im Kopf gegeben habe.

Das passierte im Jahr 2012 – da war ich erst 40 Jahre alt und hatte zuvor bereits eine Thrombose überstehen müssen. Ich litt an einer Fettleber, obwohl ich niemals Alkohol trank, und schlug mich mit Asthma und Allergien herum.

Kurzum, ich war gesundheitlich ein Wrack und fühlte mich an manchen Tagen wie eine Greisin, deren Zeit bald abzulaufen drohte.

Heute ist mein Leben wieder lebenswert, kann ich darauf hoffen, alt zu werden, denn ich bin gesünder geworden und strotze nur so vor neu gewonnener Energie.

Hätte mir damals mal jemand gesagt, bald wirst du schlank sein, hätte ich ihn für verrückt erklärt und womöglich noch behauptet: Wieso? Ist doch alles okay.

Obwohl ich schon seit drei Jahren erschlankt bin, ist es in meinem Kopf noch nicht richtig angekommen, da sich der Anblick meines alten Ichs in meine Erinnerung eingebrannt hat. Die frühere Claudia gab's ja auch viel länger als die jetzige. Manchmal blicke ich morgens verschlafen in den Spiegel und bin ruckzuck wach, wenn ich mich sehe, weil mich diese Wandlung aufs Neue überrascht.

Ich schaffe es, meine gesunde Ernährungsweise beizubehalten. Gönne mir aber kleine Ausnahmen, die mir auch wichtig erscheinen. Denn würde ich mich geißeln, hätte ich es niemals so weit geschafft. Aber mit meiner Ernährung fühle ich mich sauwohl, deshalb werde ich nichts daran ändern.

Meinen täglichen Sport betreibe ich weiterhin, mache meine Übungen und spüre, wie meine Muskulatur sich ausbildet und meine Arme, mein Bauch sowie die Beine fester werden.

Der Kryo-„Bearbeitung" unterziehe ich mich übrigens immer noch – mittlerweile jedoch lediglich alle drei Monate. Mein Bauch ist straffer geworden und das überdehnte Gewebe hat sich deutlich zurückgebildet. Mit einem frisch gemangelten Tischtuch kann er zwar nicht konkurrieren und mein geplantes Nabelpiercing macht wohl auf dieser Wellenlandschaft wenig her (ein Brustwarzenpiercing ist ja auch nett anzusehen), aber alles in allem kann ich sehr zufrieden mit dem Ergebnis sein. Und unnötiges Herumgeschnipsel am Bauch habe ich mir erspart. Meine Eitelkeit hält sich in Grenzen, sodass mir meine Gesundheit wichtiger ist als eine OP, die mich gefährden könnte. Außerdem bin ich kein junger Hüpfer mehr, der sich mit perfekten Maßen und makellosem Körper im knappen Bikini präsentieren möchte. Vielleicht im nächsten Leben – da mache ich alles anders. Jetzt allerdings bin ich die ehemals doppelte Claudia, die sich halbiert hat und mit ihren Dehnungsstreifen klarkommen muss. Kein Ding, hab ich bereits abgehakt.

Ich mache mir auch lieber die Vorteile meiner Gewichtsabnahme bewusst: Zum Beispiel ist mir neulich aufgefallen, dass mein Leben günstiger geworden ist. Nicht nur, dass ich weniger Lebensmittel verbrauche. Mein Duschzeug und die Bodylotion halten viel länger als früher.

Ich habe schon erwogen, eine Kamera im Badezimmer anzubringen, um zu erfahren, wer die Seife heimlich nachfüllt. Bis mir einfiel, dass ich unlängst aus weniger Körper bestehe, demnach bloß noch halb so viele Hautpartien einzureiben brauche. Somit reifte die freudige Erkenntnis in mir heran, dass Seife und Co doppelt so lange halten. Klingt nach einer simplen mathematischen Gleichung: halbes Körpervolumen = halbe Bearbeitungsfläche = mehr Geld im Portemonnaie.

Mein Vater hat immer versucht, mich auf den richtigen Weg zu bringen, wollte mir klarmachen, wie schädlich das Dicksein für mich ist. Er machte es mir vor, zeigte mir, dass schnelles Spazierengehen besser als langsames Schleichen ist und tägliche Bewegung wertvoll ist. Dass Obst gesünder als Schokolade ist und kleine Mahlzeiten den Magen weniger belasten.

Er wäre stolz auf mich, aber ich weiß ja, dass er von da oben einen guten Blick auf mich hat und für mich da ist.

Das Rauchen werde ich mir auch noch abgewöhnen, Paps, das verspreche ich!

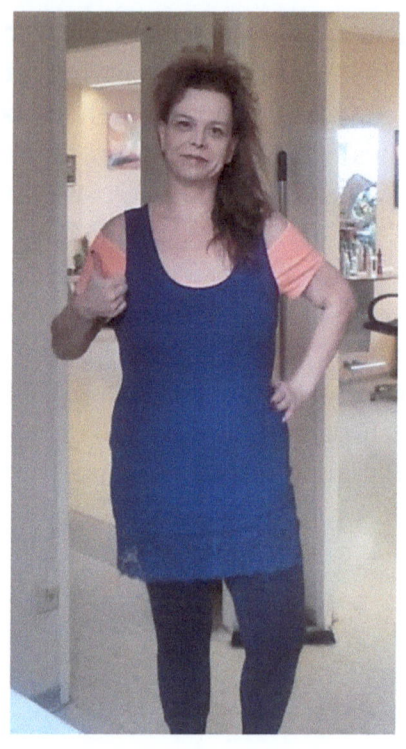

Es wäre gelogen, wenn ich behaupten würde, heute sei alles perfekt. Aber vieles ist einfacher für mich geworden, bis auf das „Türenaufstoßen" im Bürgeramt.

Ich genieße es, schneller zu Fuß unterwegs zu sein, und bin dankbar für mehr Energie und neu gewonnene Lebensfreude.

Ich erlebe den zweiten Frühling in der Liebe und möchte mein Glück über mein neues Leben in die Welt hinausrufen.

Claudia ist endlich schlank! Wer hätte gedacht, dass das jemals möglich wäre.

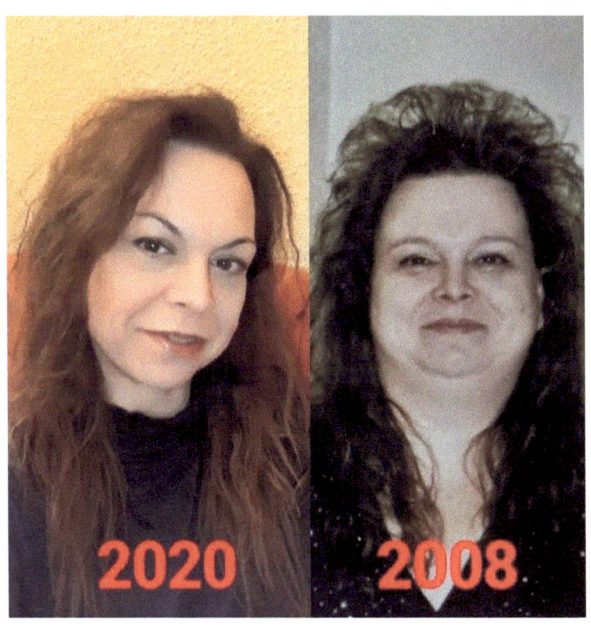

Danksagungen

Ich möchte diesen Platz im Buch noch einmal nutzen, um allen tollen Menschen um mich herum, Freunde und Familie, herzlich zu danken und Euch zu sagen: Ich hab Euch lieb!

Eure Reaktionen auf meine schlanke Version waren sehr vielfältig und teilweise auch lustig. Aber Ihr alle wart immer an meiner Seite und habt mich als dicke Claudia genauso akzeptiert wie als erschlankte.

Ich konnte auf jeden zählen, niemand hat mich verurteilt, auch wenn sich der eine oder andere berechtigte Sorgen um mich machte, als ich schwer übergewichtig war.

Einige Eurer Reaktionen sind mir noch in Erinnerung, darum möchte ich sie hier kurz erwähnen. Jedoch kann ich nicht jeden namentlich aufzählen, deshalb bitte ich um Nachsicht.

Werner aus Hamburg, der kleine Spaßvogel, hat sich krümelig gekichert, als er mich wiedersah, nachdem ich bereits 38 Kilo abgenommen hatte und 100 Kilo wog. Als ich ihn fragte, was ihn so erheitern würde, brauchte er einen Moment, bis er sich fing.

„Sorry, Claudi, aber das sieht lustig aus."

„Ja, nee, alles klar. Und was meinst du jetzt genau?"

„Dein Körper ist noch dick, aber deine Arme sind schon schlank. Beim Haareschneiden sieht das irgendwie seltsam aus."

Ich betrachtete mich im Spiegel und musste ihm Recht geben. Alles war noch etwas unförmig und nicht mehr ganz symmetrisch. Aber mit der Zeit glich sich glücklicherweise der Rest des Körpers an. Andererseits bin ich ja auch kein Geodreieck. Da muss nicht jeder Winkel mit dem anderen übereinstimmen.

Werner war es auch, der meinen dicken Bauch in seinem Gesicht vermisste, wenn ich ihm die Haare schnitt. Tut mir leid, Werner, aber wenn Du dicke Bäuche kuschelig findest, musst Du Dir selber einen anfuttern. Ich find es schöner ohne.

Uwe war sichtlich besorgt um mich, weil ich immer mehr Gewicht verlor und fragte, ob alles okay mit mir sei. Ich sah ihm an, dass er es kaum glauben konnte, was Stück für Stück vor seinen Augen geschah – ich mich von Monat zu Monat rasend schnell veränderte.

Meine Freundin Sabine hat meine Veränderungen beinahe kommentarlos hingenommen. Zwar hat sie sich für mich gefreut und wünschte mir nur das Beste, aber für sie war ich schon immer ihre Freundin Claudia, egal, in welcher Hülle ich steckte. Ich hätte mich in ein Schinkenbrötchen verwandeln können und es wäre für sie okay gewesen.

Danke, Binchen, für Deine sonnige Unbeschwertheit in dieser Angelegenheit und dass Du mich stets so genommen hast, wie ich bin.

Robert, Du bist immer da und glaubst an mich. Das weiß ich sehr zu schätzen. Danke dafür!

Rosi ist begeistert von meiner neuen Erscheinung und stets an meiner Seite. Auch Dir danke ich herzlich.

Alle, die mich gut kennen, merken bestimmt gerade, dass ich Freunde und Kunden von mir vermische. Aber viele meiner Kunden sind mir bereits seit Jahren vertraut und ich schätze sie als gute Freunde.

Rosi, Doris, Andrea, Ines, Sabrina, Micha, Ronny und Marc – ich kann nicht alle aufschreiben, aber ich sage Euch allen danke!

Auch mein Bruder Olaf hat sich sehr um mich gesorgt, als ich mich auf dem Weg zu einer Lauchstange befand und jeden Monat Schicht um Schicht verlor. Er fragte, ob es mir schlecht ginge, dabei wurde alles immer besser.

Ich bin Dir sehr dankbar, Olaf, dass Du für mich da bist. Es tut gut, wenn man weiß, dass der große Bruder auf einen Acht gibt. Ich liebe Dich!

Mein Cousin Oliver und Tante Karin sahen mir an, dass es mir endlich gut ging, und freuten sich sehr für mich.

Tante Annegrets Begeisterung kannte keine Grenzen. Auch sie freute sich, dass ihre Nichte endlich schlank wurde.

Als uns Tante Anni und Onkel Heinz in Berlin besuchten, konnte es mein Onkel kaum fassen, dass aus dem dicken Kürbis eine Salatgurke geworden ist.

„Im Original siehst du völlig anders aus als auf deinen Beweisfotos. Hast du toll gemacht", sagte er und starrte mich an, als wäre ich eine dünne Kopie aus einer Parallelwelt.

Für meine Mutter war meine Veränderung wohl am schwersten zu verdauen. Immerhin sieht sie mich beinahe täglich und sorgte sich rund um die Uhr um mich, ich könnte beim Abnehmen Schaden nehmen. Dennoch hat sie mich ohne Frage mit ganzer Kraft auf meinem Weg unterstützt – so wie sie es immer tut und aufopfernd für mich da ist.

Mutti, ich liebe Dich und ich danke Dir von Herzen, dass Du mich nimmst, wie ich bin und mir verlässlich zur Seite stehst.

Du bist einfach die Beste!

Mein Mann Thomas mag die schlanke Claudia nicht. Aber ich nehme es ihm nicht übel, denn aufgrund seiner psychischen Erkrankung ist ihm gar nicht klar, was er manchmal von sich gibt. Außerdem sieht er die Welt mit anderen Augen und Veränderungen – egal, welcher Art – sind für ihn schwer einzuordnen.

Ingo hat mich aktiv unterstützt und an mich geglaubt. Er hat mir mit seinem Zuspruch und seiner unerschütterlichen Überzeugung, dass ich das schaffen kann, geholfen, den 71-Kilo-Berg zu verdrängen. Danke

Ingo! Du hast mir eine Menge Mut gemacht. Ich liebe Dich!

Danke an Euch alle! Auch an jene, die ihren Namen hier nicht gefunden haben.
Ihr seid alle klasse!

Leseprobe:

„Kein Sex mit einem Millionär"
von
Sabine Richling

1

„Mein Gott, was redest du wieder für dummes Zeug!", knallt mir mein Mann um die Ohren, während wir mit seinen Geschäftsfreunden in einem Restaurant zu viert am Tisch sitzen und über Politik reden. Gähn! Ich habe mir erlaubt, meinen Senf dazuzugeben, eine kleine Anmerkung zu machen, als ich merkte, dass mein werter Gatte falsch informiert ist. Aber erneut ist es ihm gelungen, seine eigenen Unzulänglichkeiten zu verbergen, indem er mich als latent verblödet darstellt. Peinlich berührt hüstelt Herr Hühnerbein in die Serviette, auch seine Frau popelt mit der Gabel im Fleisch herum und überlegt, wie sie die gute Stimmung retten kann. Komisch, dass mein Daniel solche Überlegungen nie anstellt, schließlich bringt er uns regelmäßig in solch eine Lage, in der man gerne vor Schmach im Boden versinken möchte. Ich überlege, mir eine Tüte über den Kopf zu ziehen, um mir damit kurzfristig das Gefühl zu geben, nicht hier zu sein.

Seine Beleidigung zu kommentieren, erspare ich mir, immerhin haben wir uns gerade ausreichend zum Gespött des Abends gemacht. Das bedarf keiner Fortsetzung.

„Entschuldige", sage ich leise und lege mein Besteck beiseite. Mir ist der Appetit vergangen.

„Wenn du es nicht besser weißt, halte dich aus dem Gespräch heraus", tritt Daniel nach.

Jetzt bin ich still und möchte meinem Gemahl gerne meine Roulade ins vorlaute Mundwerk stopfen, da ich sie ohnehin nicht mehr essen werde. Doch ich halte mich zurück und schlucke meine Wut herunter.

„Sagen Sie, Herr Hartmann", geht Frau Hühnerbein dazwischen, „wohin fahren Sie eigentlich dieses Jahr in den Urlaub?"

Geschickt hat sie das Thema gewechselt und die Lage entschärft.

Da erwacht Daniel zu neuem Leben, denn über Urlaube redet er gern. Als hätte es seine Entgleisung nicht gegeben, gerät er in feurige Ekstase.

„Dieses Jahr haben wir fünf Reisen geplant. Im Frühjahr werden wir wieder eine Kreuzfahrt machen, diesmal auf dem Mittelmeer", antwortet er voller Inbrunst.

„Oh", entfährt es Frau Hühnerbein, „das ist ja großartig.

„Ja, aber dieser Trip ist nicht unser Haupturlaub, den werden wir in Südafrika verbringen, nicht wahr, Leonie?" Er lächelt mich an und stößt mir seinen Ellenbogen gegen den Oberarm. „Da freuen wir uns besonders drauf."

„Klar", sage ich und verstumme sogleich wieder. Ich möchte nicht noch einmal zurechtgewiesen werden, weil ich in seinen Augen Müll rede.

„Du hast diese Reise doch gebucht, sag ruhig auch mal was dazu."

„Ja, später, ich muss mal aufs Klo", erwidere ich gereizt und erhebe mich. Ich hänge mir meine Handtasche über die Schulter und erwäge, einfach zu gehen. Stattdessen steuere ich die Waschräume an, ich Feigling! Ich weiß nicht, warum er mich ständig bloßstellen muss. Natürlich habe ich die Reise nicht gebucht, sondern er. Ich habe keinen blassen Schimmer, wohin es genau geht und welche Hotels er für uns ausgesucht hat. Ich hasse es zu verreisen! Meine Heimat ist mir lieb und teuer und ebenso mein Hobby. Ich male. Seit meiner Jugend beschäftige ich mich mit der Malerei und könnte den ganzen Tag nichts anderes tun. Warum soll ich in die weite Welt fahren, wenn ich mit dem, was mir das Leben hier bietet, äußerst zufrieden bin? Daniel möchte am liebsten von einem Kontinent zum nächsten springen, und das mehrmals im Jahr. Vielleicht rennt er vor irgendetwas davon, ist auf der Suche nach einer Offenbarung. Bloß in der Ferne wird er sie nicht finden. Eine Exkursion in sein übertriebenes Ego könnte ihm guttun. Womöglich stößt er dabei mal auf sich selbst und erkennt, was er für ein selbstverliebter Blödmann ist.

Er war nicht immer so. Früher war er mal nett, damals – vor langer Zeit. Wir haben für eine Modekette gearbeitet, waren Kollegen, besser gesagt, Auszubildende. Während ich nach der Lehre ging, um Kunst an der Universität zu studieren, blieb er im Unternehmen und arbeitete sich bis in die Geschäftsleitung empor. Wir kauften uns ein Haus und genossen das bessere Leben. Bald darauf heirateten wir und zogen in ein noch größeres Haus. Zwar wusste ich nicht, wozu das nötig war, immerhin waren hundertfünfzig Quadratmeter mehr als genug, aber Daniel war der Meinung, ein „Schloss" würde was hermachen und Geschäftsfreunde wären imponiert. Da er seine Firma repräsentiert, braucht er eben die zweihundertfünfzig Quadratmeter. Dass wir unseren Palast nur zu zweit bewohnen, zählt nicht. Den kann ja eine Putzfrau in Schuss halten und den Garten ein Gärtner.

Logisch, dass ich darauf nicht von allein gekommen bin. Bin halt dumm wie Bohnenstroh. Keine Ahnung, wie oft mir Daniel das Gefühl gibt, ein gehirnloser Torfkopf zu sein – oft genug, dass ich es selbst glaube.

Ich stehe vorm Spiegel und pudere meine Nase. Dabei starre ich in mein Gesicht und frage mich, ob ich noch attraktiv bin. Seit zwanzig Jahren sind Daniel und ich ein Paar. Ein Kompliment habe ich nie bekommen. Gerne jedoch werde ich mit wachsender Begeisterung von ihm kritisiert. Ich kann es ihm eigentlich nie recht machen, es sei denn, ich schlafe. Da bin ich leise wie eine Feder im Wind und widerspreche nicht. Wehe ich vertrete mal eine andere Meinung als er, dann haben wir sofort wieder eine Diskussion, die sich bis in den späten Abend ausdehnen kann. Grrr, ich hasse dieses Gerede um Nichts! Dabei gibt es so viel Schönes, das man gemeinsam genießen könnte. Aber nein, mein lieber Daniel versteift sich auf unproduktive Wortwechsel, die einem unnötig Energie rauben. Die letzten Jahre frage ich mich immer öfter, was mich eigentlich bei ihm hält. Sein Bankkonto kann es nicht sein. Ich interessiere mich nicht für Geld, es ist mir nicht wichtig. Als wir uns kennenlernten, war er genauso mittellos wie ich. Wir haben unser schlichtes, freies Dasein genossen, sind gern in die Pizzeria nebenan essen gegangen, statt im Sternerestaurant oder haben uns am Kinotag den neuesten Film angesehen. Das Popcorn und die Getränke schleusten wir heimlich mit ein, um die teuren Preise zu boykottieren. Unsere Klamotten haben wir nach Geschmack ausgesucht und nicht nach dem Label. Wie sehr vermisse ich die alte Zeit, in der wir noch „einfach" waren, ein Paar aus der Mittelschicht, vollkommen durchschnittlich. Jetzt werden die Freunde nach dem Portemonnaie ausgesucht und nicht nach Sympathie. Denn mit weniger gut betuchten Menschen kann Daniel nichts mehr anfangen. Die jammern ja ständig darüber, wie teuer alles sei. Doch für Hartmann, Daniel Hartmann, spielt Geld keine Rolle. Er ist der Obermufti der High Society, gehört zur Crème da la Crème, und das will er auch zeigen. Wo käme man denn da hin, wenn man sich für seinen Reichtum entschuldigen müsste?

Ich seufze und lasse die Puderdose in meine Tasche fallen. Herrje, ich will nicht zurück zum Tisch. Ich könnte einfach umfallen und mich vom Personal zum Taxi tragen lassen. Für einen schwachen Kreislauf kann ich ja nichts. Vielleicht sollte ich noch meine Lippen nachziehen, um die Zeit zu überbrücken. Obgleich ich das gerade gemacht habe. Dabei verabscheue ich es, mir Farbe ins Gesicht zu pinseln. Die gehört auf eine Leinwand und nicht auf die Haut. Aber was soll ich sagen, Daniel legt großen Wert auf eine perfekt gestylte Frau von Stand. Dabei bin ich bloß die unvollkommene Frau von nebenan und möchte das auch gern wieder sein. Hätte ich damals gewusst, was mich mit Herrn Hartmann erwartet, wäre mir niemals in den Sinn gekommen, Frau Hartmann zu werden.

„Leonie?", ruft Daniel von draußen und klopft gegen die Tür der Damentoilette. Ich antworte nicht und überlege, so zu tun, als wäre ich längst weg. Plötzlich öffnet er die Pforte und entdeckt mich bei den Waschbecken. War ja klar, dass er die Unverfrorenheit besitzt, hier einzudringen. „Willst du nicht mal langsam zum Tisch zurückkehren? Wir warten alle auf dich. Das Dessert ist schon serviert worden."

„Ja, ich wollte gerade aufbrechen."

„Hast du mal auf die Uhr gesehen? Du bist bereits eine Viertelstunde weg. Was glaubst du wohl, was das für einen Eindruck macht?"

„Schon mal darüber nachgedacht, was dein Auftritt vorhin für einen Eindruck hinterlassen wird?", kontere ich und würde ihn am liebsten anspringen und ihm in seine überhebliche Visage trommeln.

„Irgendwie musste ich dich doch davor bewahren, noch mehr Unfug von dir zu geben", hält er dagegen. „Jetzt komm endlich, die Hühnerbeine warten." Er grinst bei seiner eigenen Bemerkung, die er enorm witzig findet.

„Die Hühnerbeine können warten, die Hartmänner müssen sich erst streiten!", lasse ich verlauten und bewege mich keinen Zentimeter von der Stelle.

„Hast du vor, mich zu blamieren vor meinen Geschäftskunden?", fragt er aggressiv.

„Das schaffst du auch allein."

„Meine Güte, du bist immer so stur. Hier geht es um Millionen und Madame fühlt sich auf den Schlips getreten."

„Ich fühle mich vor allem nicht ernst genommen."

„Reden wir jetzt über deine verletzten Gefühle?", fragt er und lächelt boshaft. „Also lässt du die Mimose raushängen, ausgerechnet an so einem Tag!" Sein schroffes Lächeln verschwindet. „Prima. Das ist ja wirklich super! Mach nur weiter so und du wirst alles ruinieren!"

Iiiich? Fragend drehe ich mich um. Außer meiner Wenigkeit und Herrn Hartmann ist niemand da. Also wende ich mich ihm wieder zu und zeige mit dem Finger auf mich.

„Meinst du etwa mich?"

„Hallo?", gibt er erhitzt von sich. „Wen denn sonst? Ständig spielst du die Beleidigte, anstatt dir mal klarzumachen, um was es geht!"

„Hier geht es einzig und allein um deine Großspurigkeit, mit der du die Menschen um dich herum niederrennst. Du bemerkst nicht mal, wenn du andere kränkst."

„Ich habe niemanden gekränkt und du bist ja dauernd eingeschnappt."

„Ach so."

„Bewegst du deinen Hintern bitte zurück an den Tisch?"

Unwillig gehe ich an ihm vorbei und trete in den Flur. Ich sehe die Hühnerbeine von Weitem, wie sie sich zuprosten und sich einen Kuss zuwerfen. Könnte Daniel doch nur eine Spur von der Warmherzigkeit besitzen, mit der sich dieses Ehepaar liebt.

Am nächsten Morgen bin ich froh, als Daniel zur Arbeit fährt. Endlich allein. Keine Vorwürfe, kein Gezeter. Nur Ruhe und Frieden. Ich genieße die Zeit ohne ihn. Das sollte mir zu denken geben. Andere vermissen ihren Partner, freuen sich darauf, ihn nach Feierabend zu sehen. Ich dagegen bin dankbar für jede freie Minute. Diese Stille im Haus, das angenehme Rauschen der Heizung, das so meditativ auf mich wirkt. Ich finde das Leben toll – solange Daniel nicht in meiner Nähe ist.

Nach dem Frühstück gehe ich in mein Atelier, das unterm Dach des Hauses liegt. Von dort aus habe ich einen prächtigen Blick auf die Gärten der Nachbarn. Wie sehr ich es liebe, hier oben zu sein und den Pinsel über die Leinwand gleiten zu lassen. Jeder Pinselstrich ist für mich höchste Sinneslust. Das Malen macht mich glücklich, gibt mir die nötige Kraft, die ich brauche, um mich gegen Daniel zu behaupten. Ich bin es leid, mich zu streiten, jedes unnötige Wort möchte ich uns ersparen. Deshalb bin ich im Laufe der Jahre zu einer Memme mutiert, denn Widerspruch ist zwecklos. Ist man mit einer Kampfmaschine verheiratet, hisst man eines Tages freiwillig die weiße Fahne, um schließlich Ruhe zu haben. Trotzdem genehmige ich mir hin und wieder eine kleine Revolte. Vor allem, wenn es um das Thema „Verreisen" geht. Manchmal erhebe ich Einspruch und bitte um einen Urlaub in den eigenen vier Wänden.

„Ha!", ruft Daniel dann aus. „Das ist doch kein Urlaub. Ich muss fliegen. Möglichst weit weg. Nur so kann ich mich richtig erholen."

„Wie wäre es mit zwei Reisen im Jahr statt fünf?"

„Kommt nicht infrage. So kann ich nicht richtig abschalten."

„Und wenn wir mal in Deutschland urlauben?"

„Willst du mich verkohlen? Ich muss was von der Welt sehen!"

Ja, und jedem erzählen, wo er überall schon war. Denn Prahlen ist Daniels Hobby: *Hey, ich war in Las Vegas, Mexico, China, Japan, England … Ich bin ein Held, denn ich kenne die Welt und kann überall mitreden. Ich bin Daniel, der Columbus des 21. Jahrhunderts.*

Wahrscheinlich ist dieses übertriebene Reiseverlangen der Grund, warum ich nicht mehr so gern in ferne Länder aufbreche. Eigentlich dachte ich mal, mir würde das gefallen. Aber vier- bis fünfmal im Jahr ins Ausland ist einfach zu viel. Entspannung finden wir im Urlaub nie, denn Daniel will möglichst viel sehen, rennt von einer Sehenswürdigkeit zur nächsten. Nur faul am Strand zu liegen, ist nichts für ihn. Da könnte er ja was verpassen. Eigentlich läuft unser gesamtes Leben auf der Überholspur ab, sodass ich mich oft ausgelaugt und verbraucht fühle. Ich sollte mal ein paar Jahrzehnte Pause beantragen, um mich vom Ehestress zu erholen. Bloß wo sollte ich meinen Antrag einreichen? Bis auf Daniel habe ich keinen Chef, weil ich zu Hause arbeite. Meine Malerei wirft nicht viel ab, denn mein großer Durchbruch lässt auf sich warten. Natürlich nimmt mein Mann meine Arbeit nicht ernst, so wie er eigentlich nie etwas ernst nimmt, was ich tue oder sage.

Warum bin ich noch hier?

Diese Frage stelle ich mir immer öfter. Hoffe ich, ihn zu ändern, die alte Zeit eines Tages zurückzuholen? Wäre es so, bin ich eine Traumtänzerin, denn Vergangenes ist vergangen. Menschen lassen sich nicht umformen, und schon gar nicht Daniel. Ich kann ihm keinen Fahrplan in die Hand drücken und sagen: „So, von nun an lenken wir unser Boot in meine Richtung, leben so, wie ich es für uns vorgesehen hab."

So funktioniert das nicht! Denn Daniel lässt sich nichts sagen. Er macht sein Ding. Der Partner muss ihm folgen und nicht umgekehrt!

Das Telefon klingelt. Meine Agentin ruft an. Elli. Na ja, Agentin ist vielleicht ein bisschen hochgestochen. Sie ist meine Freundin und kümmert sich um die Vermarktung meiner Bilder. Bisher war sie damit nicht besonders erfolgreich. Gelegentlich organisiert sie eine Vernissage in einer Kaschemme, aber das führte bisher lediglich zu geringfügigen Verkäufen. Mein Bekanntheitsgrad ist gleich null. Solange ich es nicht schaffe, meine Kunstwerke auf exklusiven Kunst-Events zu präsentieren, sitze ich weiterhin in der zweiten und dritten Reihe, da, wo mich niemand sieht.

„Hey, Leonie", begrüßt sie mich und scheint gut gelaunt zu sein. „Ich habe einen Raum für eine Ausstellung gefunden. Ein ehemaliger Dance-Club im Industriegebiet."

„Oh", sage ich und teile ihre übertriebene Begeisterung nicht. Ein Club im Industriegebiet, eine Gegend, die vollkommen ausgestorben ist, wo sich nicht mal ein Eichhörnchen hin verirrt. Aber ich möchte sie nicht demotivieren und lasse sie meine Dankbarkeit spüren. „Das ist ja toll. Klasse."

„Wenn du willst, können wir uns die Räumlichkeiten nachher mal ansehen. Der Preis, den der Vermieter verlangt, ist human."

„Ach ja?", frage ich und kann mir nicht vorstellen, dass sich die Kosten mit dem Verkauf der Bilder amortisieren werden. Bis jetzt war es fast immer ein Zuschussgeschäft.

„Ja, er verlangt nur 2.500 Euro. Ist das nicht supi?"

Ich pruste und schnappe kurz darauf nach Luft.

„Wirklich, supi", antworte ich und überlege, wie ich Daniel überreden kann, mir den Betrag ohne Zänkerei auszuzahlen. Er glaubt nicht, dass meine Bilder gut genug sind, um jemals Anklang in der Kunstwelt zu finden. Er traut mir nicht zu, eine Mallegende zu werden. Ich selbst weiß natürlich genau, dass ich es eines Tages schaffe! Würde ich das nicht glauben, könnte ich kapitulieren. Doch fürs Aufgeben bin ich nicht geschaffen.

Ich bin als Kämpferin geboren worden. Dumm nur, dass ich mit einem Kampfhahn verheiratet bin, der mich um Längen schlägt. Ständig meint er, alles besser zu wissen als ich, deshalb pflügt er jegliche meiner Ideen nieder. Er mischt sich in Dinge ein, von denen er nichts versteht, argumentiert mich solange an die Wand, bis ich nachgebe und mich seinen Ansichten füge. Vermutlich mangelt es mir deshalb an Erfolg. Weil ich mich nicht genügend durchsetze, um meinen eigenen Weg zu gehen.

„Und? Treffen wir uns nachher?", will Elli wissen und bedrängt mich eine Spur zu heftig. Eigentlich wollte ich mich den ganzen Tag mit Malen beschäftigen und mich nicht für eine unproduktive Besichtigung in einer Fabrikhalle verabreden. Da ich Elli aber niemals etwas abschlagen kann, stimme ich zu. „Fein", jubelt sie, „dann hole ich dich um dreizehn Uhr ab."

Als es an der Tür schellt, schrecke ich auf und schaue auf die Uhr. Verflucht, ich habe die Zeit total aus den Augen verloren. Sobald ich male, tauche ich in meine Bilder ein und vergesse die Welt um mich herum. Ich lege den Pinsel beiseite und renne vom Dachgeschoss ins Erdgeschoss, um Elli in meiner weißen mit Farbtropfen besprenkelten Latzhose zu öffnen.

„Elli!", rufe ich aus, als ich ihr die Tür öffne. „Ist es schon so weit?"

„Mannomann, Leonie, der Typ erwartet uns um halb zwei. Wie sollen wir das schaffen, wenn du noch nicht fertig bist?"

„Ich bin fertig. Wir können direkt los."

„So?"

„Ja, wo ist das Problem?"

„Na, dein Aufzug!"

„Ach was, das ist schon in Ordnung. Ich will ja keinen Schönheitswettbewerb gewinnen, sondern bloß einen Raum anmieten."

„Wie du meinst. Aber wir fahren mit deinem Auto. Hab keine Lust auf Farbflecke im Polster."

„Klar, machen wir." Ich greife nach dem Wagenschlüssel und meinen Papieren. „Kann losgehen."

3

Pünktlich um halb zwei erreichen wir die stillgelegte Fabrik. Ein junger Mann im Dreiteiler steigt aus seinem offenen Sportwagen und schlendert langsam auf uns zu, während ich mein Auto peinlich genau auf einer eingezeichneten Parkfläche abstelle, was natürlich nicht nötig gewesen wäre, da sonst kein einziges Fahrzeug hier steht.

„Schau mal, Leonie, was da für ein Sahneschnittchen auf uns zukommt."

„Ich sehe nur einen Lackaffen im Designerfummel."

Elli verdreht die Augen über meine Bemerkung und steigt aus, um ihrem Tortenstück entgegenzulaufen. Ich lasse mir Zeit, denn ich hab's nicht eilig. Sobald ich einen Kerl im Anzug sehe, krieg ich das Würgen. Vermutlich liegt's an Daniel, der tagtäglich in perfekter Montur das Haus verlässt und ich diesen Anblick nicht mehr ertragen kann. Obwohl der Anblick nichts dafür kann, lediglich das aufgeblasene Gehabe meines Ehegatten. Somit sehe ich in jedem Anzugträger einen Snob. Schlimm genug mit einem verheiratet zu sein. Da brauch ich nicht auch noch einem blasierten Hammel auf dem Industriegelände zu begegnen.

Langsam bewege ich mich aus meinem roten Mazda, der in etwa so alt ist wie ich. Ich liebe meine Knutschkugel, weil sie mich niemals im Stich lässt. Natürlich sieht sie nach nichts aus, wirkt wie ein alter Marienkäfer aufgrund ihrer vielen Rostflecke, die ich liebevoll pflege und ausbessere. Aber ich bin Menschen und Gegenständen ein Leben lang treu. Daher tausche ich weder Daniel noch mein Auto aus, auch wenn die Zeit reif wäre.

Elli winkt mir von Weitem zu und fordert mich auf, mich zu ihrem Kuchenstück dazuzugesellen. Ich stecke meine Hände in die Taschen der Latzhose und schlürfe angeödet zu ihr und diesem Aufschneider. Ogottogott, seine Parfümwolke erreicht mich schon aus einhundert Meter Entfernung. Ich rümpfe die Nase und mein Unwille, ihm näherzukommen, wird immer größer. Kann Elli das nicht allein aushandeln? Ich hab eine Allergie gegen Sahneschnittchen. Vor allem wenn sie nach Parfümerie stink … äh, duften. Plötzlich verführt der Geruch meine Nase und setzt sich sanft auf meine Flimmerhärchen. Mein Kopf beugt sich von allein vor und scheint sich flinker als der Rest meines

Körpers zu bewegen. Nun kann ich nicht schnell genug bei der Süßspeise ankommen, weil sie meinen Geruchssinn mehr umschmeichelt, als mir lieb ist. Ich bin hypnotisiert.

„Frau Hartmann?", spricht mich der Leckerbissen mit seiner Baritonstimme an und ich warte darauf, dass das Orchester mit einstimmt.

„Äh ja, Herr …", flöte ich meinen unvollständigen Satz wie eine Nachtigall. Ich wusste gar nicht, dass meine Stimmbänder solche Töne von sich geben können. Als wäre ich geradewegs aus dem Feenreich entsprungen.

„Rosenbaum", stellt sich die Parfümwolke vor und reicht mir die Hand. „Leon Rosenbaum."

„Leon?", schießt es aus Elli heraus. „Wenn das kein gutes Omen ist. Meine Freundin heißt Leonie."

Plaudertasche!

„Ach, wirklich?", fragt Leon Sahneschnitte. „Was für ein charmanter Zufall."

Ich werde rot. Gott, ich will nach Hause! Raus aus dieser haarsträubenden Situation.

„Ja, in der Tat", sage ich ruppig. „Können wir jetzt zum Geschäftlichen kommen?"

„Selbstverständlich", lächelt Herr Rosenbaum und weist uns den Weg. „Bitte schön, dort entlang."

Ich tapse an der Chanelwolke vorbei und nehme einen kräftigen Zug. Eigentlich hasse ich Gerüche jeglicher Art, es sei denn, es handelt sich um Öl- oder Aquarellaromen. Doch dieses würzige Odeur raubt mir beinahe den Verstand. Ich fühle mich wie aufgeputscht.

„Wann benötigen Sie die Räumlichkeiten?", erkundigt er sich, während er sich unserem Schritt anpasst.

„Samstag in vier Wochen", legt Elli fest, als hätte sie längst eine Liste von Gästen im Gepäck, die schon in den Startlöchern stehen. Dabei sind sie und ich bislang die einzigen Teilnehmer dieser unüberlegten Aktion. Immerhin müsste ich erst mal durchzählen, ob meine Bilder überhaupt reichen. Als wir die Halle betreten, zweifle ich daran, dass meine Kunstwerke sie ausfüllen. Um Himmels willen, die ist ja viel zu groß!

„Elli, ich glaube, wir sollten noch mal darüber nachdenken", versuche ich ihren Enthusiasmus zu dämpfen.

Bevor Elli antworten kann, geht Herr Rosenbaum dazwischen.

„Über den Preis lässt sich selbstverständlich reden", kommt er uns bereits entgegen, obwohl ich zu diesem Zeitpunkt gar nicht ans Handeln gedacht habe.

„Ja, Herr Rosenbaum", lässt Elli mich links liegen, als hätte ich sie gerade nicht angesprochen. „Der Preis erscheint mir auch ein wenig zu hoch."

„Bitte machen Sie sich keine Gedanken, wir werden uns schon einig. Konzentrieren Sie sich nur auf Ihre Veranstaltung."

Ich linse zu Leon Rosenbaum und frage mich, wieso er sofort bereit ist, den Preis zu drücken. Ich erwarte eine raffinierte Hinterlist und diese in seinem Gesicht zu erkennen. Stattdessen trifft mich sein sanftmütiger Blick mitten ins Herz. Blaue Augen so wässrig wie mein Mund (läuft mir schon der Sabber am Kinn herunter?) betrachten mich verzückt. Sein Lächeln ist aufrichtig und seine Mimik warmherzig. Ich kann mich nicht erinnern, jemals einen Anzugträger mit ehrlichen Augen gesehen zu haben. Oder ist sein Mienenspiel bloß Tarnung? Steckt auch in ihm eine gewissenlose Bestie, die nur darauf wartet, skrupellose Geschäfte zu betreiben?

„Prima", erwidert Elli, „wir nehmen den Raum."

„Äh …“, sage ich und fange eine abwehrende Geste meiner Freundin ein, die in etwa heißen sollte: Halt die Klappe!

„Das freut mich“, sagt Herr Rosenbaum und beim Klang seiner Stimme fällt mir das Thema eines neuen Bildes ein: eine Cello-Solistin neben einem Rosenstock. Prompt bin ich begierig, so bald wie möglich mit dem Kunstwerk zu beginnen. Vielleicht könnte ich es bis zur Ausstellung fertig bekommen.

„Sind Sie auch damit einverstanden, Leonie?“, fragt mich Leon, die edelmütige Sahneschnitte. Überrascht, von ihm angesprochen zu werden, wo doch Elli über meinen Kopf hinweg bereits alles klargemacht hat, starre ich ihn an und überlege, welche geistreiche Antwort ich geben könnte.

„Nun ja“, sage ich und lasse meinen Blick noch mal durch die Halle kreisen. „Ich finde die Räumlichkeiten ein wenig zu groß. Also, sie sind toll, verstehen Sie mich nicht falsch. Aber ich weiß beim besten Willen nicht, ob meine Bilder die Fläche ausfüllen können.“

„Sie sind Künstlerin?“

„Oh, ähm … ja … also … na ja.“

„Sie ist Malerin“, klärt Elli ihn auf. „Auf dem Wege zu Ruhm und Erfolg.“

„Bitte, Elli, bleib auf dem Teppich. Du weißt, dass ich Prahlerei nicht ausstehen kann und ich bin alles andere als erfolgreich. Tut mir leid, Herr Rosenbaum, aber meine Freundin neigt zu maßlosen Übertreibungen. Meine Bilder sind gänzlich unbekannt, niemandem ist mein Name ein Begriff."

„Das sollte geändert werden", sagt er und sieht mich an, als hätte er schon die passende Idee.

„Glauben Sie mir, das versuche ich seit Jahren. Doch es gibt genügend gute Künstler, ich bin nur ein unbedeutendes Korn unter vielen."

„Ich kenne einen Galeristen in Hamburg Eppendorf", erklärt Leon Rosenbaum so nebenbei, als wäre es das Normalste der Welt, Galeristen zu kennen. Wenn Sie wollen, spreche ich ihn an. Er könnte sich Ihre Bilder ansehen."

Donnerlittchen, der Kerl erscheint hier mit einer Prahlerkiste in einem Prahleranzug und stellt mein Weltbild auf den Kopf. Er ist nett! Typen mit Prahlerkisten und Prahleranzügen sind nie nett! Wieso tanzt Leon, das Tortenstück, aus der Reihe? …

„Kein Sex mit einem Millionär"

von
Sabine Richling
Erschienen bei BoD als Taschenbuch und
E-Book

Das Leben könnte so schön sein. Wäre Leonie
nur nicht mit dem falschen Mann verheiratet.
Seit zwanzig Jahren klebt sie an ihrem Angetrau-
ten, der sich zu einem Millionär und überhebli-
chen Patriarchen gemausert hat. Leonie ist Geld
nicht wichtig, darum will sie ihr Luxusdasein an
den Nagel hängen und endlich wieder „normal"
leben – ohne Mann. Doch dann lernt sie Leon,
den vermögenden Immobilienhändler, kennen
und es knistert gewaltig. Sie wehrt sich gegen
ihre Gefühle, doch Leon ist ein exzellen-
ter Verführer …

„Im Jenseits schmeckt die Liebe süßer"

von
Sabine Richling
Erschienen bei BoD als Taschenbuch und
E-Book

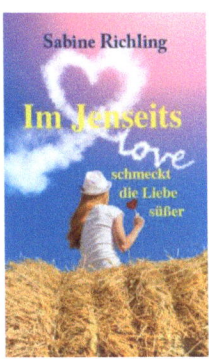

Die siebzehnjährige Lina ist in der Lage, mit
Verstorbenen zu reden. Welch verrückte Gabe,
die Segen und Fluch zugleich ist!
Dabei will sie nur eines: ein normales Leben
führen und den attraktiven Florian näher ken-
nenlernen. Und tatsächlich spricht er sie eines
Tages in der Schule an. Er weiß von ihrem Talent
und bittet sie um Hilfe. Lina möchte ablehnen,
denn so hat sie sich die erste Verabredung mit
ihrem Schwarm nicht vorgestellt. Aber sein
Charme ist verboten sexy und auch er besitzt
eine geheime Begabung.

„Liebe braucht keine Hexerei"

von
Sabine Richling
Erschienen bei BoD als Taschenbuch und
E-Book

Wie ist Jenny das gelungen? Von der Tätigkeit auf einem Gutshof hat sie keinen blassen Schimmer. Trotzdem überzeugt sie den vermögenden David Barclay mit einer ungewöhnlichen Aktion, ihr einen Job zu geben.

Von nun an wirbelt sie die Gefühle des attraktiven Großgrundbesitzers kräftig durcheinander und es gelingt ihr, den Choleriker in ihm zu bändigen. Wie dumm nur, dass sie sich unplanmäßig in ihn verliebt, denn er hat eine Verlobte und ist somit für sie unerreichbar.

Doch Jennys Tante hat einen magischen Plan, wie ihre Nichte den Auserwählten für sich gewinnen kann …

„Das Mädchen und der Star"

von
Sabine Richling
Erschienen bei BoD als Taschenbuch und
E-Book

Neuauflage des heiteren, romantischen Liebesromans „Ein Iglu für zwei".
Was passiert, wenn man mit einem berühmten Musiker gesehen wird?
Genau in diese Lage gerät die schüchterne Buchautorin Malina. Denn alle Welt schaut jetzt auf sie und denkt, sie wäre mit ihm zusammen. Wäre ja noch schöner! So einem aufgeblasenen Schürzenjäger würde sie doch niemals ihr Herz schenken.
Sie will sich dem Rampenlicht entziehen, doch dann begegnet sie dem attraktiven Musik-Star erneut …

„Verlieben ist Chefsache"
von
Sabine Richling
Erschienen bei BoD als Taschenbuch und
E-Book

**Neuauflage des witzigen Liebesromans
„Gefühlschaos inklusive".**

Claudia ist wieder Single. Jetzt muss ihr nur noch klar werden, dass dies ihr Glück ist. Sie will eine angemessene Zeit um ihre Beziehung trauern. Doch beim ersten Zusammenstoß mit dem smarten Oliver wird sie ihren Prinzipien untreu: Denn dieser sexy Typ ist ein Leckerbissen. Als sie glaubt, ihr neues Glück gefunden zu haben, melden sich erste Zweifel. Plötzlich kommt ihr Chef Christian ins Spiel – attraktiv und faszinierend. Er versteht es, sie zu umwerben und in Versuchung zu führen.

„Kein Sex mit einem Casanova"

von
Sabine Richling
Erschienen bei BoD als Taschenbuch und
E-Book

Ich bin eine blond gelockte, unsympathische
Schönheit. Nichtsahnend sitze ich in meinem
Stammcafé, als mich dieser smarte Tom anflirtet.
Mir fällt die Kinnlade runter, weil er so ein Leckerbissen ist, trotzdem gebe ich mir alle Mühe,
ihn zu vergraulen.
Als wir uns zufällig wiederbegegnen, stelle
ich fest, dass mein Leben ein Irrtum ist und ich
eine völlig andere Person bin.

Auch Tom ist wie verwandelt und scheint ein rücksichtsloser Frauenheld zu sein.

Und tatsächlich versteht er sein Handwerk und beherrscht die Kunst des Verführens nur zu gut …

„Sternenmann such Erdenfrau"

Romantik-Fantasy-Roman
von
Sabine Richling und Christina Lelewell

Erschienen bei BoD als Taschenbuch und
E-Book

**Neuauflage des spannenden Romantikaben-
teuers „Die Macht der schwarzen Perlen".**

Das ist doch unfassbar! Annika kann nicht glauben, was ihr gestern auf Cillys Party passiert ist:
Da trifft sie einen außergewöhnlichen Mann mit
Charisma, der sie prächtig unterhält, und dann
das: Der attraktive Typ lügt ihr direkt ins Gesicht
und behauptet ernsthaft, ein Außerirdischer zu
sein!

Schon bald wird er ihr unheimlich und sie verlässt überstürzt die Feier. Doch sie kann sich aus seinem Bann nicht lösen und begegnet dem anziehenden Fremden erneut, der ihre Gefühle gewaltig verwirrt. Wer ist er?

Das spannende Abenteuer um zwei Freundinnen und den Helden aus einer fernen Welt beginnt.

„Dach der Hölle"

Romantischer Zukunftsthriller
von
Sabine Richling
Erschienen bei BoD als Taschenbuch und E-Book

In der Hölle der Verdammnis trifft Arun auf die schöne Untergründlerin Sharie. Wie kann es sein, dass dieses zarte Geschöpf in der Rohheit der Unterwelt überlebt? Durch sie wird er auf die Missstände unter der Erde aufmerksam und nimmt sie kurzentschlossen mit. Doch seine Macht reicht nicht aus, um die junge Frau zu schützen. Der machthungrige General Ley erteilt ihm den Befehl, Sharie zurückzubringen. Arun fügt sich widerwillig, aber seine Leidenschaft für das Mädchen ist entfacht. Hat er jemals so gefühlt? Umgeben von einem dunklen Geheimnis zieht Sharie ihn in ihren Bann.

Sabine Richling ist 1968 in Berlin geboren und aufgewachsen. Nach Abschluss einer kaufmännischen Ausbildung arbeitete sie viele Jahre in einem Handelsunternehmen. Später wechselte sie zu einem Hamburger Verlag. Inspiriert durch die Verlagsluft schrieb sie die ersten Entwürfe einiger Kurzgeschichten. Eine Erkrankung riss sie aus dem Berufsleben, daher widmete sie sich verstärkt dem Schreiben.

Heute schreibt sie am liebsten Beziehungskomödien und unterhaltsame Kurzgeschichten. Im Dezember 2012 veröffentlichte sie den romantischen und humorvollen Roman „Ein Iglu für zwei", der aufgrund seines Erfolges anschließend als Hörbuch und in englischer Sprache erschien. 2019 wurde diese bezaubernde Lovestory unter dem Titel „Das Mädchen und der Star" neu aufgelegt.

Es folgten die amüsanten Liebeskomödien „Gefühlschaos inklusive", (heute unter dem Titel „Verlieben ist Chefsache") und „Liebe braucht keine Hexerei".

Bald entdeckte sie ihre Leidenschaft für Fantasy und Mystik. Es blieb unausweichlich, einen Roman zu schreiben, der alles vereint: Liebe, Romantik, Fantasy und Science-Fiction. Also holte sie sich Schützenhilfe und kreierte mit ihrer Freundin Christina Lelewell den Fantasy-Romantik-Roman „Die Macht der schwarzen Perlen" (2019 unter dem Titel „Sternenmann sucht Erdenfrau"), der im Dezember 2015 in zweiter Auflage erschien und ein Genre bedient, das in seiner Form neu interpretiert wurde.

Zur gleichen Zeit arbeitete sie an dem Fantasy-Romantik-Thriller „Dach der Hölle", der mittlerweile ebenfalls in zweiter Auflage erschienen ist.

Im Oktober 2016 ging ihr neuer humorvoller Liebesroman „Kein Sex mit einem Millionär" an den Start für Fans der knisternden Romantik.

Gerade erst – im Januar 2020 – ist der Erotik-Liebesroman „Kein Sex mit einem Casanova" auf den Markt gekommen – eine heitere, spannende Lovestory mit einer Prise Fantasy.

Und für Liebhaber des Übersinnlichen schrieb sie den Liebesroman „Im Jenseits schmeckt die Liebe süßer", den es seit September 2017 zu kaufen gibt.

Demnächst im Handel: „Das Mädchen und der Milliardär". Romantischer Liebesroman mit Herz.